宇宙の喜び

輝ける新世紀

斎藤一人

図解

天が味方する
引き寄せの法則

柴村恵美子

Shibamura Emiko

PHP研究所

学歴もお金も才能もない私が、大阪の一等地の億ションを買えたわけ

人間関係がとても良好な人やお金に困らない人、なにをやってもうまくいく人には共通した、ある特徴があります。

それは、**人も、お金も、運をも引き寄せるようなエネルギーに満ちあふれているということです。**

ある人は、それを「オーラ」と呼びます。

ある人は、それが「気」なんだと言います。

こうしたある種の人を魅了し、お金を生み出すようなパワーを身につけ、さらにその方法を教わった弟子全員が大成功をおさめているという、すごい人物がいます。

それが私の師匠である、斎藤一人さんです。

学歴もお金も飛び抜けた才能もない私は一人さんと出逢い、大阪の一等地に建った億ションの最上階のペントハウスをポケットマネーで買えるほどの、お

金持ちになることができました。

それだけではなく、会った人、会った人が「恵美子社長と会うと元気をもらえます」と言ってくれて、全国からわざわざ私に会いにきてくれるのです。

この本では、私が一人さんに教えてもらったことの中で、自分のエネルギーを上げられると実感したものを、選《え》りすぐってお届けしようと思います。

第1章では、自らエネルギーをつくり出す〝自家発電〟の方法をお伝えします。

第2章では、まわりからエネルギーをもらえる方法をお教えします。

第3章では、「なにかうまくいかないな」というときに、自分のエネルギーをチェックする方法を示します。

第4章では、エネルギーを活かすための体づくりについてふれます。

そして巻末には、一人さんからの特別なメッセージが掲載されています。

エネルギーは目に見えません。でも、本書に書かれたことを実践していただければ、感じていただくことはできます。

本書を通じて私が届けたエネルギーがあなたに伝わり、さらに多くの人に伝わってこの世界がしあわせなエネルギーに包まれることを願って止《や》みません。

柴村恵美子

図解　斎藤一人　天が味方する「引き寄せの法則」　目次

第4章 天が味方する「いつまでも健康で若々しい人の法則」

特別メッセージ 人の相談に乗るときに知っておいてほしい話 斎藤一人

輝ける新せ紀

宇宙の喜び

特別付録①

すごいことが次々起こる不思議な絵

巻頭付録の2枚の絵ですが、これは世界的に活躍されている佐和貫利郎《さわぬきとしろう》画伯が私のために、特別に描いてくださった絵です。

佐和貫画伯の絵は、国連の平和会議で展示され、また日本人で初めて絵がＮＡＳＡ（米国航空宇宙局）の永久コレクションになりました。記念切手にもなっています。

そんな画伯の絵が私のところに来たのも、とても不思議なご縁のおかげなのですが、さらにこの絵が来てからというもの、私の「引き寄せ力」に加速がかかったような出来事がたくさん起こるようになりました。

その中でも、この絵が私の家に届いた時の驚きのエピソードをご紹介します。

ある日、私はこんな夢を見ました。そこはとても立派な場所で、豪華な絨毯《じゅうたん》が敷き詰められた階段です。そこから当時の日本の総理大臣である福田首相が降りて来て、私にこう言いました。

「ようこそお越しくださいました。私は他のゲストを迎えに出ますので、どうかごゆっくりとおくつろぎください」

そんな夢を見た日の翌日、私はなぜか朝の5時半に目が覚めました。そしてなぜか「掃除をして、家の中をキレイにしなければならない」という思いに駆られ、朝から家中をすごい勢いで掃除しはじめたのです。自分でも不思議なほどでした。

午前9時には終わって一息つこうとしたとき、玄関のチャイムがなりました。出てみると、大きな荷物を持った宅配便の方の来訪です。

特に何も頼んだ覚えがないので怪訝《けげん》な感じで応対すると、その方は「佐和貫様からのお届けものです」と言うのです。そうです。画伯の絵が届いたのです。実は、絵を描いてくださるという約束をいただいていたものの、それがいつ完成するか全くわからなかったのです。正直、私は絵が届くのはもっと先だと思っていたのですごく驚きました。

そして届いた二つの絵を見たとき、私はなぜか、自然と涙が溢れ出して止まりませんでした。それは悲しい涙ではなく、まさに法悦《ほうえつ》の涙です。朝から突き動かされるように掃除したくなったのは、この絵を迎え入れるためだったということに気がつきました。

そしてこれは後でわかったことですが、ちょうど同じ日に、北海道の洞爺湖《とうやこ》でサミットが開かれ、そのホスト役を務めたのが福田首相であり、なんとその場には佐和貫画伯の絵も飾られていたのです。

私は後日、サミットの会場となった洞爺湖のウィンザーホテルに訪れたのですが、本当に驚きました。そこはまさに、私の夢に出て来た場所と同じだったのです！

おそらく、画伯の絵同士が共鳴して、このような〝ステキな引き寄せ〟を起こしてくれたのでしょう。

この度、この本の読者の方にも〝ステキな引き寄せ〟を感じていただきたく、佐和貫画伯に特別にご許可をいただいて、この絵をカードにしてプレゼントさせていただきます。

もとの絵は私の自宅に大切に飾ってあります。私はこの絵を見るたびに、あなたへ「幸せと豊かさの波動」を送ります。ぜひ、このカードを切り取って、一番、「幸せと豊かさの波動」を受け取りたい場所に飾ってください。絵同士が共鳴して、私からの「幸せと豊かさの波動」を受け取っていただくことができます。

これであなたにも、すべての良きことが雪崩《なだれ》のごとく起きますよ。

特別付録②

スペシャル動画

本書をご購入いただいた方へ、今回のために特別に撮り下ろした動画をプレゼントさせていただきます。視聴方法は、以下をご参照ください。

ＱＲコードの読み取り方と付録の動画へのアクセス方法

カメラ付き携帯電話のＱＲコードリーダー（バーコードリーダー）アプリを起動します。

アプリが搭載されていない場合は、「Ａｐｐ Ｓｔｏｒｅ」もしくは「Ｇｏｏｇｌｅ Ｐｌａｙストア」からインストールしてください（無料）。

ＱＲコードリーダーの起動方法は携帯電話の機種によって異なります。起動後、ＱＲコードが枠内に入るようにし、ＱＲコードを読み取ります。

読み取るとＵＲＬが表示されます。表示されない場合は、再度、読み取りを行なってください。

ＵＲＬをクリックすると動画サイトにアクセスできます。

なお、ＱＲコードを使用せず、次のＵＲＬを直接入力してアクセスすることもできます。

https://youtu.be/VCBaD4wpeuA

第1章

エネルギーのある人が、人もお金も引き寄せる

1 毎日を「楽しい気持ちで生きる」と決める

人の機嫌には「上気元」と「中機嫌」と「不機嫌」がある

不機嫌な人には〝不機嫌な気〟が出ていて、さらに不機嫌になるようなことを引き寄せます。

中機嫌な人はいいことがあれば上機嫌になり、イヤなことがあれば不機嫌になります。いわば、普通の人です。だから、起こることも普通のことしか起こりません。

でも、いつも上機嫌な人には、なぜかいいことばかりが起きます。

これは、**いつも機嫌がいいと〝上の気〟がいいことを引き寄せ、奇跡を起こすからです。**

だから私は上機嫌のことを「上気元」と書きます。

上気元でいるためには、まず自分の機嫌は自分でとり、決して人に機嫌をとらせないこと。相手の機嫌にも左右されず、**毎日を楽しい気持ちで生きると決めることが大切です。**

偉い人ほど、自分の機嫌は自分でとろう

偉くなると、人に機嫌をとらせようとする人がいますが、「実るほど頭《こうべ》を垂れる稲穂かな」という言葉があるように、人は偉くなればなるほど人に機嫌をとらせず、自分で自分の機嫌をとるようにしなければなりません。

偉くなるということは、それだけ影響力が大きいということです。

もし、そのような立場の人の機嫌が悪いと、影響力が大きい分だけ多くの人に悪影響を及ぼします。

よく、自分の気分や感情に任せて部下を怒っている人がいますが、これは絶対にしてはいけないことです。

配慮の足りない社長や上司は、部下を怒ります。でも、よい社長や上司は間違いを教えることはあっても、怒ったりしません。

ましてや、自分のイライラをぶつけるようなことはしないものです。

自分自身に〝上の気〟が充満していると、感情に流されて怒ったりすることもなくなります。

でも機嫌が悪いと自分の感情をコントロールできず、冷静な判断ができなくなります。

自分は教えているつもりでも、いつしか自分の感情に任せて怒っているだけになってしまいます。

失敗した部下は、自分の過《あやま》ちに落ち込んで、それに追い打ちをかけるように上司から叱られると、負の気がたまります。

こういうときの上司の役割は、間違っていることを正すことも大切ですが、それよりも**正しい方向に自ら進めるように、エネルギーを与えることが必要なのです。**

自分でエネルギーをコントロールし、引き寄せることができる人には、ゆとりが生まれます。ゆとりがあると、相手を思いやる気持ちも出てきます。

反対にエネルギーがないとゆとりもなくなり、人間関係もギクシャクしてしまいます。

だから、偉くなればなるほど自分の機嫌は自分でとって、つねに上気元でいることは義務といっても過言ではないのです。

天が味方する「引き寄せの法則」01

自分の機嫌は自分でとって、つねに上気元でいること

結果を出すリーダーはいつも上気元

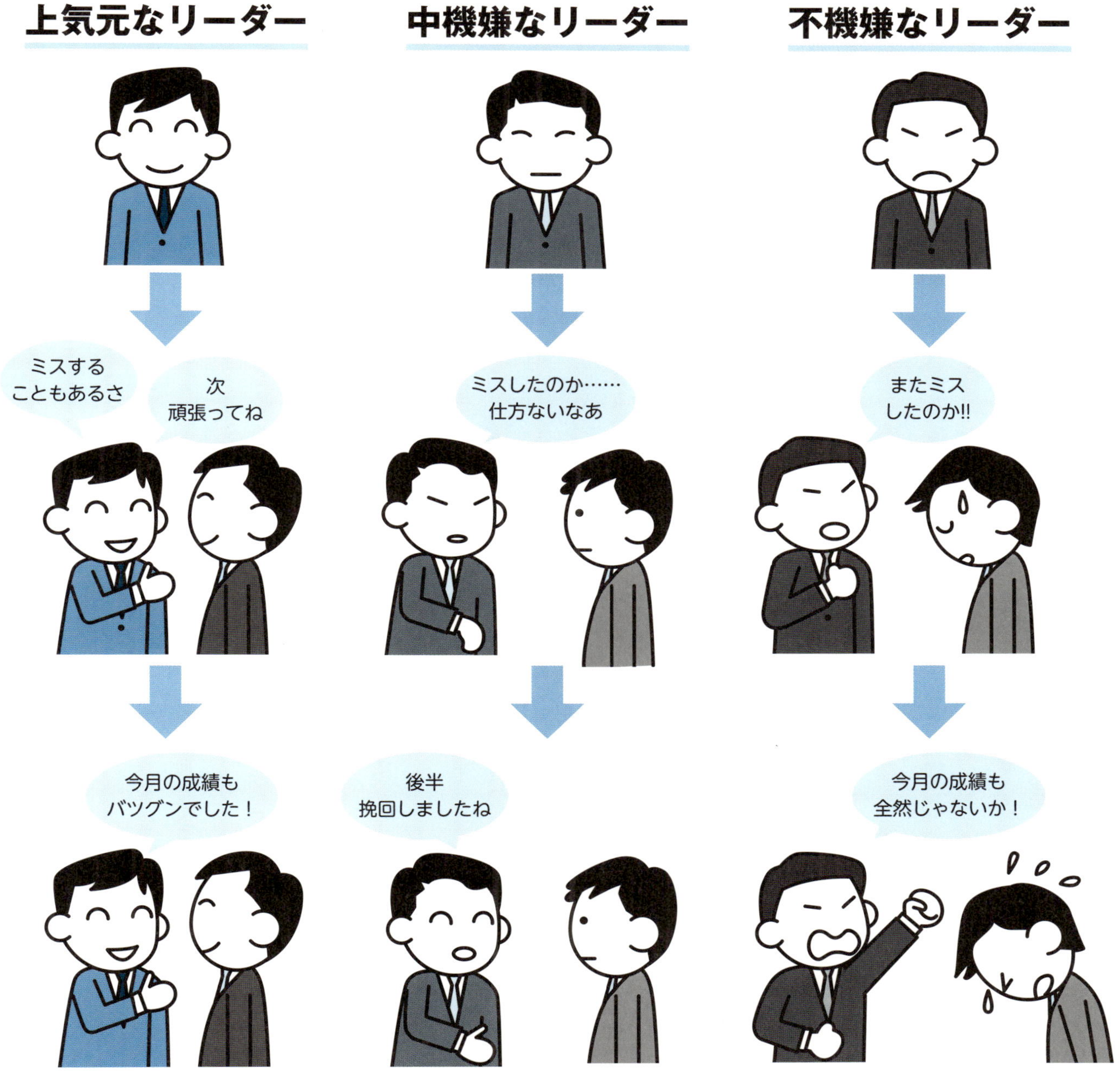
上気元なリーダー
中機嫌なリーダー
不機嫌なリーダー
ミスする
ことあもあるさ
次
頑張ってね
ミスしたのか……
仕方ないなあ
またミス
したのか!!
今月の成績も
バツグンでした！
後半
挽回しましたね
今月の成績も
全然じゃないか！

Point

上司が上気元だと部下の結果も変わってくる

2 成功する人はなぜ「圧」が高いのか？

成功する人に欠かせない「圧」のチカラ

川に流れている水が腐ることはありません。でも、川の水をバケツに汲《く》んできて、そのまま放置していると、その水は腐ってしまいます。ではなぜ川の水が腐らないかというと、川には圧があり、圧のあるところに生命エネルギーが流れているからです。

一人さんいわく、「圧」とは、人が元気でイキイキと生き、成功するのに欠かせないものです。

圧が高いと、自分の中のエネルギーも高まります。そのエネルギーが外にあふれた結果、それが人の存在感や魅力になるのです。

圧のあるものや圧のあるところの特徴は、勢いよく動いていること、外へ向かって、グングンと押し出そうとしていること、成長しようとしていることです。

だから私たちがなにか目標を決めて挑戦しようとするとき、そこには圧が生まれます。

私たち人間だけに限らず、すべての命あるものが成長しようとするとき、その圧は高まるのです。

逆に成長をやめたとき、圧は下がります。

食べ物が腐るのも圧が下がるからです。同じ菌による作用でも、圧がある場合はチーズやヨーグルト、納豆のように「発酵」しますし、圧が下がるとそれは「腐敗」につながっていくのです。

食べ物の圧が高いときは美味《おい》しく、圧が下がると腐ってまずくなるのと同様に、**人は圧が高いときは楽しく、圧が下がると楽しくなくなってきます。**

さらにいえば、その楽しさも自分だけが楽しいのではなく、相手も楽しくて、まわりも楽しくて、さらに世間も楽しくなるようなことであれば、その量に見合ってエネルギーは高まっていくのです。

ただ、いきなり圧を高めようとしても最初はなかなかうまくいかないかもしれません。

だからまずは、なにか1つでも、**小さなことでもいいから挑戦するのです。**

昨日はできなかったことが1つでもできるようになれば、それは立派な成長です。

そうした挑戦をやめないことが成長への一番の道なのです。

本当の成功者は、自分が成功したとは思っていません。それは成功という結果が得たいからではなく、成長する過程が楽しいから挑戦し続けているのです。

つまり、本当の成功とは成長し続けることをいうのかもしれません。

成功者をまねると圧が上がる

圧を高める方法として私がオススメしているのは、**自分が憧れる成功者の行動や言動をまねることです。**

そのためにはその人の考え方を学び、共感し共鳴することが大事です。

たとえば、自分に起こったある問題を、「あの人ならどうするだろう」と考えてみるのです。いわば、頭のソフトを「今までの自分バージョン」から「憧れの成功者バージョン」にバージョンアップするのです。

そうすれば、今まで得られなかったような答えが得られるようになります。

天が味方する「引き寄せの法則」02

どんな小さなことでもいい。今日から挑戦をしてみよう！

圧の高い人にいいことは引き寄せられる

圧の高い人

圧の低い人

どんな小さなことでもいい、挑戦し続けよう

苦手な相手に挨拶してみる

入ったことのないお店に行ってみる

Point

挑戦し続ける人が成長・成功する

3 「圧」が上がる言葉と「圧」が下がる言葉

「圧」が上がる「天国言葉」と「圧」が下がる「地獄言葉」

私たちが普段、何気なく使っている言葉にも「圧が上がる言葉」と「圧が下がる言葉」があります。

「圧が上がる言葉」を使うと自分の圧も上がりますし、相手の圧も上がります。

その代表的な言葉が「天国言葉」です。

～「圧」を上げる天国言葉～

「愛してます」「ツイてる」「うれしい」「楽しい」「感謝してます」「しあわせ」「ありがとう」「ゆるします」

その反対に、自分の圧も下げ、相手の圧も下げてしまうのが「地獄言葉」です。

～「圧」を下げる地獄言葉～

「恐れている」「ついてない」「不平」「不満」「グチ」「泣きごと」「悪口」「文句」「心配ごと」「ゆるせない」

使う言葉を変えるとこんなに「圧」が変わる

「天国言葉」を使うと自分自身の圧が上がり、「地獄言葉」を使うとどれだけ自分の圧が下がるかを試す方法があります。

「O《オー》-リングテスト」という方法です。

まず、利き手の人差し指と親指の先をつけて輪をつくり、指を「オッケー」の形にします。

そして、「ツイてる、ツイてる、ツイてる……」と声に出して言いながら、指にグッと力を入れて、2本の指が離れないようにします。

それと同時に、だれかにその人差し指と親指をそれぞれ両手でもって、力一杯、引き離してもらいます。

今度はそれと同じことを、「ツイてない、ツイてない、ツイてない……」と言いながら試してみてください。

いかがでしょうか?

「ツイてる」と言っているときには体にグッと力が入って指が引き離されないのに対し、「ツイてない」と言っているときには思ったように体に力が入らず、カンタンに指が引き離されてしまうのがわかっていただけると思います。

この「O-リングテスト」は、医療の現場でも診断法として使われています。

もう片方の手に有害な薬や食物、アレルギーなどでその患者に合わないものなどを置いて「O-リングテスト」をすると、カンタンに指が開いてしまうのです。

このように、普段、私たちが何気なく使っている言葉で圧が上がったり、下がったりします。

どうせなら「天国言葉」のように、相手がよろこび、自分もよろこぶ言葉を使って、自分の圧を上げていきましょう。

天が味方する「引き寄せの法則」03

8つの「天国言葉」を使って、自分と相手の「圧」を上げよう!

「圧」を上げる言葉、「圧」を下げる言葉

圧を上げる天国言葉

圧を下げる地獄言葉

使う言葉で「圧」が変わることがわかるO《オー》-リングテスト

Point

使う言葉で人生は変わる

4 天は正しい欲をもつ人に味方する

欲にも「いい欲」と「悪い欲」がある

よく、「欲張っちゃいけないよ」とか、欲をもつことは悪いことのようにいわれますが、そうではありません。

仏教の教えでも「無欲」であることを説いていますが、その仏教の開祖であるお釈迦《しゃか》様も欲をもっていました。

それは、「多くの人を救いたい」という欲です。

欲は人を動かすエネルギーになります。

その欲にも「いい欲」と「悪い欲」があります。

「いい欲」とは自分のためになり、相手のためにもなる欲です。

より多くの人のためになる欲は「大欲」と呼ばれます。

それに対して「悪い欲」とは、「自分さえよければ」というものです。いわば「我欲」です。

「自分はいいからあなたはしあわせになって」はダメな欲

私たちは自分の欲というエネルギーを自分のためにも、他人《ひと》のためにもよくなるように使わないといけません。

そのための指針となるのが「大我《たいが》と小我《しょうが》」です。

大我とは**自分のためになり、相手のためにもなることです。**

自分も楽しく、他人にもよろこばれます。さらには、世の中のすべての人たちが豊かでしあわせになることを願う。

これが大我です。

これに対して小我とは、**ワガママで自分勝手、利己的で自分のことをつねに優先する考えです。**

「私はいいからあなたがしあわせになって」という自己犠牲の考え方も、これは一見、大我に見えますが小我です。

大我という指針をもって歩きだしたとき、人は成功の道にいます。

それが小我という脇道に入ると、道に迷ってしまうのです。

なにかで悩んだとき、この悩みは「小我だろうか、大我だろうか」と自分に問いかけます。

そして、その答えが小我だったとき、「この悩みを大我で考えるとどうなるだろうか」と考えてみます。

そうすれば必ずその悩みは解消されます。

またなにか問題が起こったとき、「この問題を大我で解決するとすれば、どんな方法があるだろうか」と考えます。

そうすると、不思議とアイデアが浮かんできますし、解決策も出てきます。

大我をもって行動するとき、まわりの人が助けてくれますし、天も味方してくれるのです。

だから、なにか困難なことや壁にぶつかったらつねに大我で考えるクセをつけましょう。

そうすれば、人智を超えた解決策が必ずあなたに与えられます。

天が味方する「引き寄せの法則」04

壁にぶつかったら「大我」で考えると、自然と解決策が見えてくる

欲にも「いい欲」と「悪い欲」がある

いい欲＝大欲（大我）

悪い欲＝我欲（小我）

この商品を発表すると
みんなによろこばれる
だろうな
スリムドカン
銀座まるかん
利益は薄いけど
みんなに喜ばれる
商品だから……
シックヤカメ
○×商事

悩みの問題は大我で考えるとうまくいく

上司と
うまくいかない
会社員を
続けるべきか
辞めるべきか
大我
自分が
変われば
上司も変わる
まだ自分に
やるべきことが
あるはずだ。
続けよう

Point

壁にぶつかったら「大我」で考えよう

5 いいエネルギーを発している人に、いい人が集まる

いいエネルギーを発している人の源は「楽しさ」

「まえがき」にも書きましたが、しあわせな人、成功している人はいいエネルギーに満ちあふれています。

いつでも自分自身がいいエネルギーに満ちあふれているから、そのエネルギーをだれかに分け与えることもできます。

また、「類は友を呼ぶ」のことわざ通り、いいエネルギーを発している人のもとにはいい人が集まり、いいことも引き寄せられるのです。

このように、いつもいいエネルギーに満ちあふれている人は、そのエネルギーを〝自家発電〟する術《すべ》を知っています。

それは**〝楽しさ〟です。**

楽しいことをしているときは疲れません。

スポーツ選手は厳しいトレーニングに耐えて大変そうに見えますが、本人は楽しいからできるのです。

自分の頭の中を楽しいで一杯にしよう

一人さんの頭の中は〝楽しさ〟でいっぱいです。 いつもとにかく〝楽しい〟ことを考えています。

だからいつも一人さんと会うと楽しくなりますし、だからまた、会いたくなるのです。

それが一人さんの魅力です。

しあわせを分析してみると、結局は楽しさなんだということがわかります。

成功も、楽しさを追求していった結果、それが成功につながるのだと思います。

だから、まずは自分の楽しいことを追求してみる。さらに、自分も楽しくて、相手も楽しいことを追い求める。

そうやって、自分で楽しくエネルギーを〝自家発電〟しながら進んだ道の先には必ず、しあわせや成功が待っているのです。

自分が「楽しい」と思うことをたくさん集めよう

いいエネルギーを自家発電する方法は、たくさんあります。

先に紹介したように、自分の憧れの成功者の話を誰かにするとか、大きな声を出すのもいいでしょう。

成功者に限らず、自分の好きなことをだれかに話しているだけで楽しくなって、いいエネルギーがわいてきます。

また、好きな音楽を聴いたり、コンサートに行くのもいいですし、映画を観たり、本を読んだり、旅行に行ったりと、趣味をたくさん持つのはいいことです。

自分が楽しめる趣味をたくさんもつということは、**いいエネルギーを作れる自家発電所をたくさんもっているのと同じです。**

体が「疲れたなぁ」と感じるときは、休息と栄養が足りない証拠です。

心が「疲れたなぁ」と思うときは、楽しさが足りない証拠なのです。

さらにいえば、楽しさがいっぱいあるときは疲れを感じないし、楽しい疲れはいい疲れとなって、いい睡眠につながるから疲れもすぐとれます。

天が味方する「引き寄せの法則」05

「楽しさ」をとことん追求していった先に成功がある

成功者はいいエネルギーに満ちあふれている

一人さんの頭の中は楽しいことだらけ

とことん楽しさを追求する一人さん

楽しい人の周りに人は集まる

いいエネルギーを自家発電する方法

講演会に行く

ライブを楽しむ

映画に行く

バカンスに行く

Point

楽しさを追求していった先に成功がある

6 行動することで人生は開ける

「楽しい＝ラク」ではない

楽しいことは大切ですが、「楽しい」ことと「ラクをする」ことは違います。

「ラクをする」ということは、「なにもしない」ということです。

なにもしないでエネルギーを得ようとすると、それはだれかからエネルギーをもらうか奪うしかありません。

それよりも、行動すると必ず結果が伴います。

その行動が「自分が楽しい」ことであれば自分にエネルギーがわきますし、「相手が楽しい」ことなら相手にもエネルギーがわきます。

行動すれば必ずなにかが生まれるのです。

「やりたい」と思ったことは、すぐに行動に移そう

一人さんはよく「この地球という星は行動の星なんだよ」と言います。

つまり、**行動してみて初めて、それが正しいかどうかがわかるのです。**

たとえばこの本も読んだだけであなたのエネルギーを高めることはできません。

この本の中で1つでも「そうだ！」と感じたことや、「自分にもできる」と思ったことを行動に移したとき、その結果があなたの学びとなりエネルギーとなるのです。

知識も使わなければ、ただの「宝の持ち腐れ」です。行動することで価値が生まれ、知恵に変わるのです。

エネルギーが不足すると、どうしても行動が鈍《にぶ》ります。

だからといって、だれかがエネルギーを補充してくれるのを待っていてはいけません。

まずは一歩、行動に移してみるのです。

それはカンタンなことでかまいません。

体を動かすとか、軽い運動を始めるとか、とにかく自分のできることをするのです。

そうすれば、必ず行動した分の結果は伴います。

行動すれば、なにかが変わる

叶えたい夢があるなら、その夢を目標にして、そこに近づくための具体的な行動を起こしてください。

たとえば、「お金持ちになりたい」のなら、月に1万円でもいいから貯める。

「それでは、なかなか貯まらない」と思うかもしれませんが、貯まった分だけ確実に豊かになります。

10ヶ月もすれば10万円は貯まりますから、その10万円分だけ豊かになれるのです。

すると、その豊かになった分だけ、アイデアや考え方も豊かになります。

その豊かになった考え方で仕事をすれば収入も増え、月に1万円だったのが2万円、4万円と、貯められる額が増えてくるのです。

つまり、夢に対して具体的な行動をしていれば、そこに「加速の法則」が加わって、自分が思っているよりも早く夢が叶うようになるのです。

天が味方する「引き寄せの法則」06

一にも二にもまず「行動」。行動することで道は開ける

行動を起こさないと何も変わらない

夢に対して具体的に行動する

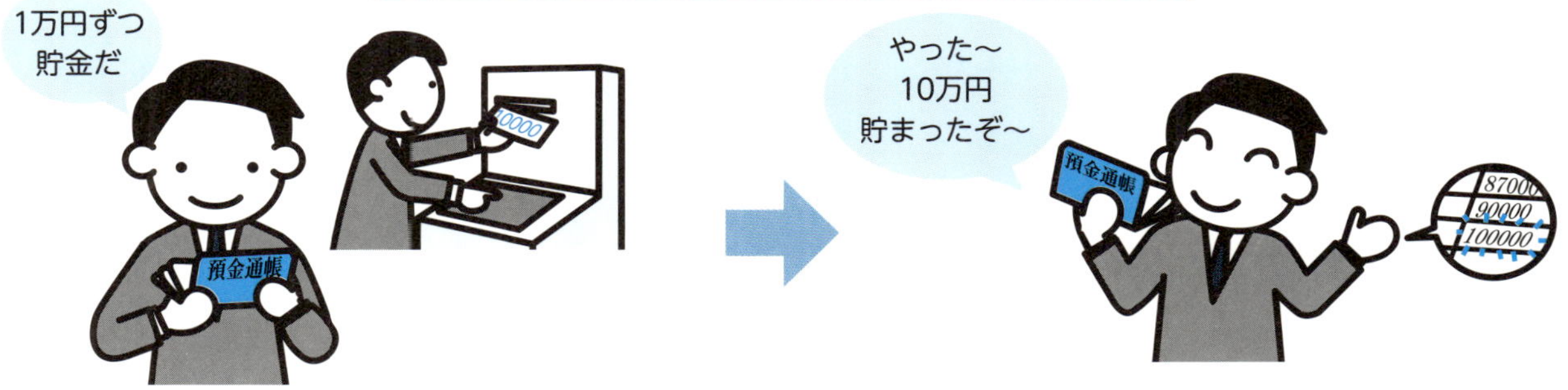

Point

行動すると「加速の法則」がかかって夢が早く叶う

7 運勢を良くするとっておきの方法を教えます

圧が上がると運勢も良くなる

エネルギーが高まると、自然と運勢も良くなります。

運勢という字は、「運」に「勢い」と書きます。だから、運勢がいいということは、「運に勢いがある」ということです。

圧が高いところにエネルギーが流れ込むように、**運も圧の高いところに流れていくのです。**

よく、運勢をよくするために神頼みしたり、開運グッズに頼る人がいます。

それを悪いことだとは思いませんが、冷静に考えてみてください。

「運勢を良くしてください」と頼むということは、「今の私は運勢がよくないんです」ということを認めているのと同じです。

だからそういう人は、自分でも「圧」が下がっている、エネルギーが少ないと感じているはずです。

「圧」が下がっているのに、運勢だけを良くすることはできません。

だから大切なのはやはり、**運勢を良くするためにも圧を上げ、自分のエネルギーを高めていくことなのです。**

人や神様がよろこぶようなことをすると、運はよくなる

そして「逆もまた真なり」で、運をよくすることで圧も上がり、エネルギーも高まります。

では、どうすれば運が良くなるかというと、運とは「運ばれてくるもの」です。

だれが運んでくるかというと、人であったり、神様であったりします。

ということは、**人や神様がよろこぶようなことをすれば、運は良くなるのです。**

「情けは人の為《ため》ならず」で、人に親切にしたり優しくしていると、それらはすべて、回り回って自分に返ってくるのです。

大切にしたものの運気が上がる

さらに、**「身近な人やモノを大切にする」と運勢が良くなります。**

恋愛運を上げたければ、まず、自分のまわりの人間関係を大切にします。そうすれば、必ずよい縁に恵まれます。

仕事運を良くしたければ、まずは目の前の仕事を大切にし、最善を尽くします。すると、さらなる大きな仕事が運ばれてきます。

金運を良くしたければ、お金を大切にすればいいのです。

よく、「私はお金を大切にしています」と言いながら、貯金ばかりする人や、逆に貯金もせずに、あればある分だけお金を使ってしまう人がいます。

これではお金を大切にしていることにはなりません。

それともう1つ、お金も人が運んでくるものです。だから、人を大切にしないと金運にも恵まれません。

まずは、自分の身近な人やモノを大切にしてみてください。そうすれば、必ず運気は上がります。

天が味方する「引き寄せの法則」07

まわりの人やモノを大切にしよう。そうすれば、運は良くなる!

運勢を良くするにもコツがある

運勢を良くするために神頼みする人は……

実は……
私、運勢
良くないから……
と思っている

運勢を良くするには？

運
運
運
運
運

「運」は人や神様が
「運んでくるもの」

運
運
運
運

人や神様がよろこぶと
運は良くなる

恋愛運

人間関係を大切にする

仕事運

目の前の仕事に最善を尽くす

金運

お金を大切にし、人も大切にする

Point

自分の身近な人やモノを大切にしよう

8 豊かさが、さらなる豊かさを引き寄せる

何かを与えることができる人が真に豊かな人

聖書には「与えなさい。そうすれば、あなた方にも与えられます」という言葉があります。

人に与えることのできる豊かさが、さらにその人を豊かにするのです。

その豊かさは金銭的な豊かさや、物質的な豊かさだけではありません。

まずは心が豊かでないと、与えることはできないのです。

また聖書には「持っている者はさらに与えられて豊かになり、持たない者は持っているものまでも取り上げられてしまう」という言葉があります。

与えられることを願うよりもまず、自分が与えることのできる人になりましょう。

これこそが、真の豊かさなのです。

豊かになりたければ、覚悟を決めなさい

豊かになるためには覚悟が必要です。

とはいっても、そんなに大げさなものではありません。

まず、**自分で「豊かになる」と決めるのです。**そして、なにがあっても自分の機嫌は自分でとり、相手に機嫌をとらせない。

その覚悟を一度決めれば十分です。

それと、今の状況をなにも変えず、今の状況のままでしあわせになるのです。

就職ができたらとか、恋人ができたらとか、お金が入ったらといった条件はつけずに、今の状況のままでも自分は十分、豊かなんだということを知ってください。

条件つきでしあわせや成功を望むと、その条件が整わない限りしあわせや成功を得ることができなくなります。

また、一度そのしあわせや成功を得ても、人はすぐにその状況に慣れたり、飽きたりします。

そうなると、その条件が整っても満足しなくなり、せっかく得た豊かさも損《そこ》なわれてしまいます。

なぜお釈迦様は豊かな家を回るように言ったのか？

その昔、お釈迦様は弟子が托鉢《たくはつ》に回るときに貧しい家を優先的に回りなさいと言いました。

豊かな家の方がたくさん与えることができるのではと、疑問に思った弟子がその理由を聞くと、お釈迦様はこう説明しました。

「貧しい人は与えられることばかりを考える。それではいつまでたっても貧しいままだ。それよりも、たとえスプーン1杯の粥《かゆ》だけでも、自分にも与えることができると知ったとき、その人は豊かになれるのだ」

今のあなたにも、エネルギーは十分あります。さらにそのエネルギーを自分だけの力で増やすこともできます。

そして、そのエネルギーを人に与えられることを知ったとき、あなたはさらに豊かになれるのです。

天が味方する「引き寄せの法則」08

あなたはすでに「豊か」であることを自覚しよう。そして、その「豊かさ」を人にお裾分《すそわ》けしよう

人に与えられる人こそが真に豊かな人である

聖書の言葉

「与えなさい。
そうすれば、あなた方にも与えられます」

「持っている者は
さらに与えられて豊かになり、
持たない者は持っているものまでも
取り上げられてしまう」

条件をつけることをやめる　　**今のままで豊かなことを知る**

Point
あなたは今のままで十分豊かなんです

コラム①

超カンタン！　だれでもできる 自分の「圧」の上げ方

①憧れの成功者のマネをする

②憧れの成功者の話をだれかにする

憧れの成功者の話をだれかにすれば自分の圧が上がるだけではなく、その成功者の波動を身につけることができ、さらには自分の脳が「成功脳」に変わる。

③大きな声を出す

武道やスポーツで大きな声を出すのも、自分の圧を上げて、相手に勝つためです。

～圧を上げる魔法の言葉～


できるだけ大きな声で言ってみてください。

人がまわりにいて大きな声が出せないときのために携帯電話などに録音しておいて、圧を上げたいときに聞いても効果がありますよ。

①「アツ（圧）」を、ハリのある声で20回言います

アツ！　アツ！　アツ！　アツ！　アツ！　アツ！　アツ！　アツ！　アツ！

アツ！　アツ！　アツ！　アツ！　アツ！　アツ！　アツ！　アツ！　アツ！

アツ！　アツ！

②「おはようございます」を、10回言います

（朝、会社に行ったときに、みんなに、笑顔であいさつしているところをイメージして）

おはようございます！　おはようございます！　おはようございます！

おはようございます！　おはようございます！　おはようございます！

おはようございます！　おはようございます！　おはようございます！

おはようございます！

③「大丈夫！」を、10回言います

（朝起きたときや寝る前に「そのままで」と言った後で）

大丈夫！　大丈夫！　大丈夫！　大丈夫！　大丈夫！

大丈夫！　大丈夫！　大丈夫！　大丈夫！　大丈夫！

第2章

天が味方する「エネルギーアップの法則」

9 斎藤一人流「原因と結果の法則」

与えたものは必ず返ってくる

自分にエネルギーを満たしたいなら、まず相手にエネルギーを与えることが大切です。

こう言うと、「相手にエネルギーを与えてしまったら、自分のエネルギーがなくなってしまうのでは？」と思うかもしれません。

でもこの世の中は**必ず、与えたものは返ってくるのです。**

相手の行動に不満をもつ前に、まず自分の行動を変えてみる。そうすれば、必ずその結果も変わってきます。

ひまわりの種を蒔《ま》いたらひまわりの花が咲きます。これが「原因と結果の法則」です。

だから、あなたが相手に与えたエネルギーは必ずあなたのもとに返ってきます。

それは良いエネルギーも、悪いエネルギーも同じです。

直接相手から返ってこなくても、回りまわって必ずあなたのもとに返ってきます。

それがこの世の〝真理〟なのです。

相手にエネルギーを与えると思うと、なにか自分が損をする気分になるかもしれません。

たとえば、お店にごはんを食べに行ったとき、そこの店員さんが無愛想だったり、不機嫌だったとします。

「向こうは商売なんだし、こちらはお金を払う客なんだから、店員がこちらに気を使うべきだ。こちらが店員に気を使う必要も義務もまったくない。それどころか、イヤな気分にさせられた分、お金を返せと言いたい！」

そう思うのは当然かもしれません。

でも一人さんは、こう言います。

「向こうは向こうの都合で機嫌が悪いんだよ。だからといって、こちらまでそれに合わせて機嫌が悪くなる必要はないの。だからこういうときは、こちらはこちらの都合で機嫌よくしていればいいんだよね」

どんなに美味しい食事でも、不機嫌そうに食べると美味しくありませんし、身体にもよくありません。

だから私はどんなときでも楽しく感謝して、食事はいただくようにしています。

大変な修行を乗り越えたあとには必ず大きなご褒美がある

それでもなかなか手強《てごわ》く（笑）、不機嫌な人に出くわすこともあります。そういうとき、私は「ああ、修行が来たな」と思うようにしています。

相手のためだと思うと、「どうしてあんな人のために……」と思ってしまうかもしれませんが、自分のためだと思えば苦にもなりません。

それと、これは私の経験上でいえることなのですが、**「大変な修行を乗り越えたあとには必ず大きなご褒美《ほうび》がある」ということです。**

だから私は、大きな問題や困難な出来事に出くわすと、「この問題を乗り越えたら、どんなご褒美が待っているんだろう」と思ってワクワクします。

天はあなたに、乗り越えられない試練は与えません。

そして天はその試練を乗り越えたとき、あなたの本当の望みを叶《かな》えてくれるのです。

天が味方する「引き寄せの法則」09

天は乗り越えられない試練は与えない。自分を信じて前に進もう

あなたに解決できない問題はやってこない

与えたものは必ず返ってくる＝原因と結果の法則

**いいエネルギーを
与えると
いいエネルギーが
返ってくる**

「斎藤一人流」相手が不機嫌なときの対処法

大きな問題や困難がやってきたら……

Point

問題や困難がやって来たら「修行が来たな」と考える

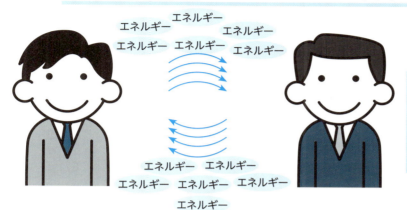

10

物事がうまくいかないのは「それは間違っていますよ」というサイン

お釈迦様の教え「難行・苦行は無駄である」

人生は修行です。

でもその修行って、必ずしもつらく、苦しいものばかりではありません。

「人生は修行だよ」と言うと、「やっぱり苦労したり、つらいことに耐えないとしあわせにはなれないし、成功もしないのか」と思うかもしれませんが、そうではないのです。

その昔、お釈迦様は難行・苦行に耐えて、悟りの境地を得ました。

でもお釈迦様自身が**「難行・苦行は無駄である」と言われたそうです。**

今でも難行・苦行に耐えて悟りを得ようとがんばっている人がいますが、滝に打たれたり、断食をしたりすることだけが修行ではありません。

自動車・オートバイの世界的メーカー、「本田技研工業」を創業した本田宗一郎さんも、最初は大変な苦労をしてオートバイをつくったといわれていますが、本田さん自身はそれを苦労だとか、大変なことだとは思っていませんでした。夢を追いかけることが楽しくてしょうがなかったのです。

自分に起こった出来事を解決していくのが最大の修行なのです。

「楽しさ」に変えられないときは間違いかもしれません

一人さんは「これからの時代に大切なのは、『楽行』だよ」と言います。

たしかに一人さんが今まで私たちに教えてくれた修行は、どれも楽しいものばかりでした。苦しいこと、つらいことを我慢してやったことは一度もありません。

そもそも、**苦労や困難、そして物事がうまくいかないのは、「それは間違っていますよ」というサインなのです。**

苦労のあとには苦労の道が続いています。我慢の先には恨《うら》みが待っています。

だから、苦労や我慢をしなければならないことが続いたときにはふと足を止めて、なにか間違いがないかを考える必要があります。

真の成功に向かう道を歩んでいるときは、ワクワクして楽しいものです。

それがつらくて苦しいんだとしたら、必ずなにかが間違っている証拠です。

もちろん、どんなことでも努力は必要です。

たとえばサッカーでも、うまくなろうと思ったら練習しなければなりません。

でも練習してうまくなったら、サッカーがもっと楽しくなるはずです。

もし練習がつらくて苦しいんだとしたら、あなたはサッカーに向いていないのかもしれません。だから、サッカー以外に楽しいことを探してがんばればいいのです。

それにつらい練習も、「これをがんばればもっとサッカーがうまくなれる」と思えば楽しくなります。

それと同じで、自分に起こった出来事をすべて、「楽しい」に変える習慣をつけましょう。

それでも、どうしても「楽しい」に変えられないとしたら、それは向いていないか、間違いですから、いつやめてもいいのです。

天が味方する「引き寄せの法則」10

つらくて苦しいことは間違いのサイン。いつやめてもOK!

「つらい」「大変」を「楽しい」に変えるのが修行

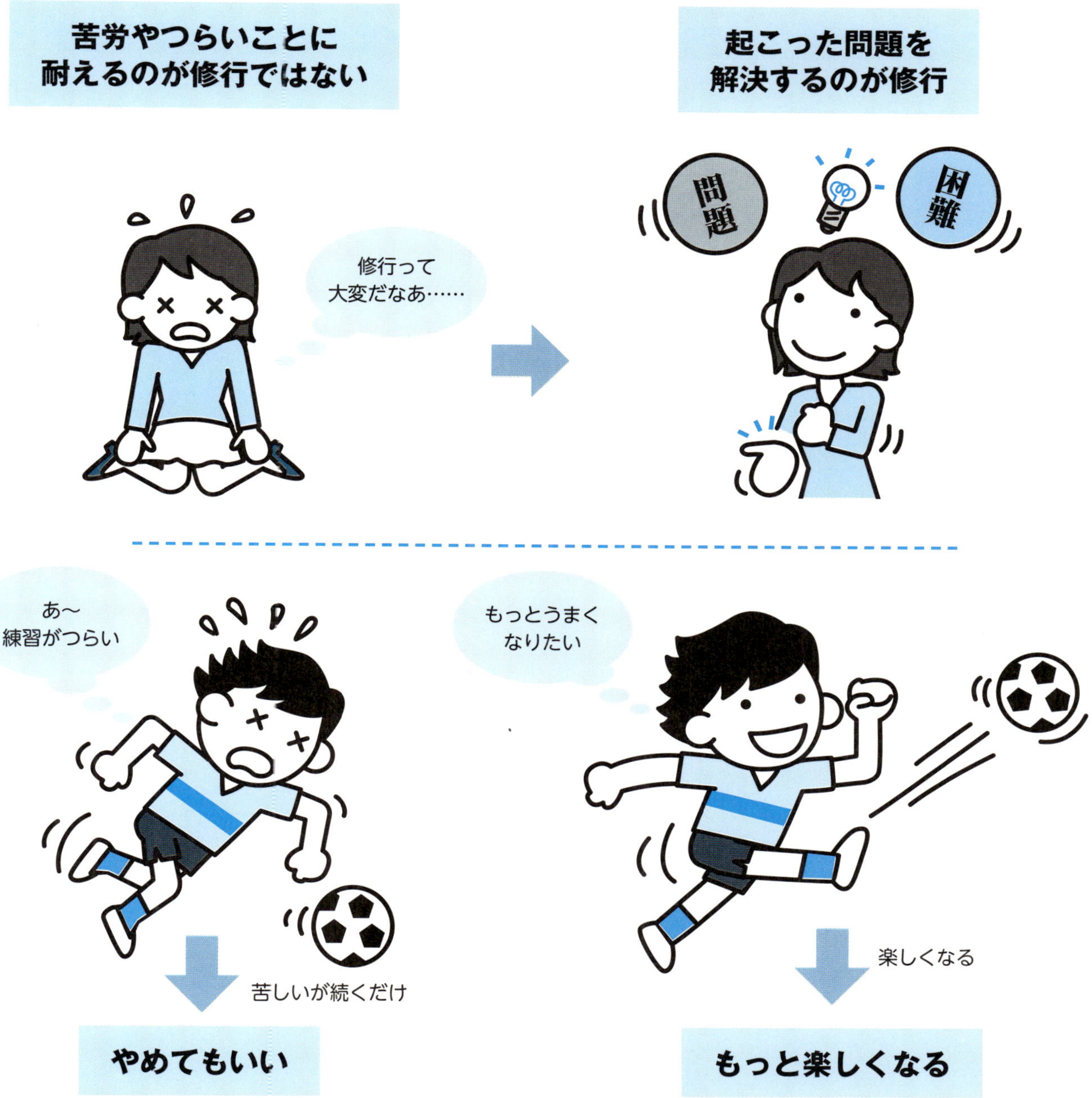

Point

どうしてもうまくいかないときはやめてもいい

11 他人の趣味を聞く人が成功する本当の理由

好きなことを話すだけでエネルギーは上がる

自分の「楽しい」を追求していく中で、実は最近、私が趣味にしていることがあります。

それは、**「他人《ひと》の趣味を聞くこと」です。**「他人の趣味を聞くこと」が趣味というとヘンですが（笑）、でもこれほどカンタンに相手のエネルギーを上げられる方法はありません。

たとえば、「あなたの趣味はなんですか?」とか、「あなたが最近、興味のあることを教えてください」と聞きます。

ある人は釣りの話を聞かせてくれたり、マラソンの話を聞かせてくれたりします。

人によって趣味や関心事は異なりますが、共通しているのは、**話している人がとても楽しそうに話してくれるということです。**

趣味や興味のあることは、その人が好きだからやっていることです。だから、その話をしていると自然と楽しくなります。

人が楽しそうに話していると、その楽しいエネルギーは相手にも伝わります。

だから話している方も楽しくて元気になりますが、聞いている方も元気になるのです。

その効果は3倍！「他人の趣味を聞く力」

他人の趣味を聞くことの効果は、これだけではありません。

自分の知らないことを知ることもできますし、聞いているうちに自分も楽しくなってきて「やってみよう！」と思うかもしれません。そうすれば、自分の世界も広がります。

それに自分の話を聞いてもらえると、人はすごくうれしいものです。だから聞いてくれた相手への好感度が上がります。

さらにその人が普段見せないような一面を垣間見ることにもつながるので、相手をさらに深く理解することができます。

このように、「他人の趣味を聞く」ことは、**相手からエネルギーをもらえるだけではなく、知識も深まり、人間関係も深まります。**

まさに一石二鳥どころか、三鳥以上の効果があるのです。

あなたもぜひ、試してみてください。きっと、楽しくなりますよ。

他人の好きなことをけなしてはいけない

気をつけなければいけないのはただ一つ。

それは、**相手の趣味や好きなことをけなしたりしないことです。**

たとえば競馬やパチンコなどのギャンブルでも、その人のお小遣いの中でやっているのなら何の問題もありません。

たとえあなたが嫌いな野球チームや歌手や俳優だとしても、相手が好きならそれに話を合わせましょう。

他人に迷惑をかけるような趣味でない限り、相手の好きなものを尊重する。

そうすれば相手が喜び、お互いのエネルギーが上がるだけではなく、自分の世界観も広がりますよ。

天が味方する「引き寄せの法則」11

相手の趣味や好きなことを聞くと、エネルギーが上がり、知識も深まり、人間関係も良くなる

相手の趣味を聞くと、エネルギーが3倍アップする

他人の趣味を聞くと……

①エネルギーがもらえる

②知識関係が深まる

③人間関係が深まる

相手が好きなことに話を合わせていく

Point

趣味を聞くと、相手だけでなく自分も楽しくなる

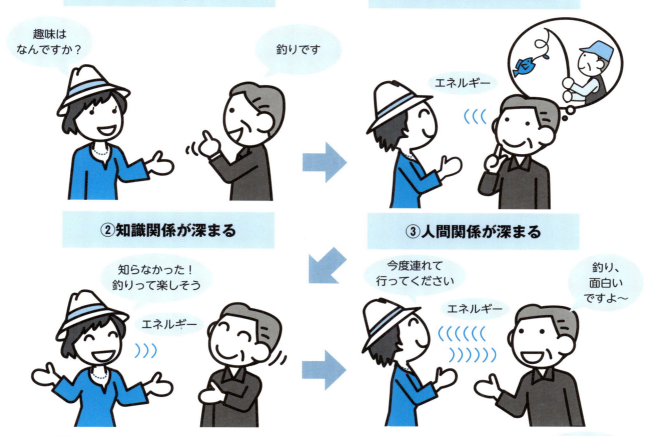

12 あなたのエネルギーを飛躍的にアップさせる「3ほめ」の法則

相手のことは4割り増しでほめるとちょうど良い

相手のエネルギーを高めてあげると、そのエネルギーは必ず自分のもとに返ってきます。

そのために一番効果的な方法が、**相手を“ほめる”ことです。**

ほめられてうれしくない人はいません。

たとえば買い物に行った先で店員さんに、「お若いですね」とか「おキレイですね」「カッコいいですね」と言われたら、それがお世辞とわかっていてもやはりうれしいものです。

人をほめるときは「歯の浮くセリフ」どころか、「歯が抜けるぐらいの勢い」(笑)で言った方が、相手はよろこんでくれます。

なぜかというと、人は他人を見るときはどうしても批判的になります。

だから、実際よりも2割ぐらいは厳しい評価になってしまいます。

逆に自分のことは、実際よりも2割ぐらい甘めに評価します。

だから相手のことは、4割増しで初めてちょうどいいぐらいの評価になるのです。

人だけでなく「国」「モノ」「命」もほめよう

ほめるのは、目の前にいる人だけではありません。

私はつねに、「3ほめ」を意識しています。

まず1つ目は「国ほめ」。

「国ほめ」とは、自分の住んでいるところに感謝し、ほめるということです。

私たちは日本に住んでいますから、まずは日本のいいところをほめます。

次に、自分が住んでいる町や場所もほめます。するとその場のエネルギーが良くなって、いいことが起こり始めるのです。

さらに相手の出身地や住んでいるところをほめると、一石二鳥の効果が生まれます。

相手がよろこんでくれるだけではなく、相手からさらに詳しいことが聞けて、その地を訪れることが楽しみになります。

次は「モノほめ」です。

自分が使っている道具やモノをほめます。

「モノほめ」をやり始めるとモノの大切さがわかるだけではなく、モノも活かされ、最大限の力を発揮してくれるようになります。

そして最後は「命ほめ」。

命あるものすべてに感謝する。

それが「命ほめ」です。

私たちが食べているものもすべて命です。他の動物や植物の命をいただいて、私たちは生きています。

米粒も一つひとつが命です。

茶碗1杯のごはんにはつくってくれた農家の方の努力がつまっているだけではなく、米1粒1粒に命が宿っているのです。

だからどんな食べ物でも「美味しいね」とほめて、よくかんで食べましょう。

ネコやイヌにも「かわいいね」と言うと、その気は伝わります。木や花にも「キレイだね」と言うと伝わるのです。

どんな人でも一人ひとりが、自分と同じ尊い命なんだと思うと、感謝の念が生まれ、ほめようという気持ちになります。

天が味方する「引き寄せの法則」12

「ほめすぎかな」と思うくらいに相手をほめ、国ほめ、モノほめ、命ほめをすると人生は好転し始める

「ほめる」はエネルギーをアップさせる最も効果的な方法

人は他人のことを2割くらい厳しく評価する

自分のことは2割くらい甘い

↓

4割増しでちょうどいい

エネルギーがさらにアップする「3ほめ」

①国ほめ

②モノほめ

③命ほめ

Point

「ほめすぎ」+「3ほめ」でエネルギー最高潮

13 日頃から相手のいいところを見つけて、ほめることを習慣にしよう

採用面接でもほめる

先日、年商100億円のある不動産会社の社長さんと知り合う機会がありました。

その方は、私と会って「すごく元気になった」と言ってくれました。

ちょうどその頃、その社長さんは新規事業を立ち上げるために毎日、社員の採用面接をしていました。

25名の社員を新規採用するために、その何倍もの数の人を面接しなければなりません。

それで1日に何名も面接をしていると、それだけで疲れ果ててしまうのだそうです。

とても心がやさしい方なので、面接のときについ、相手の話を聞きすぎて、相手の苦労話にまでつき合ってしまいます。

また面接をされる側も緊張したり、自分の悪いところは決して悟られまいと構えたりします。

そこで私はその社長さんに、こんな提案をしました。それは、「面接のときに、とにかく相手のいいところを見つけて、そこをほめてください」ということです。

それから数日後、その社長さんからお電話をいただきました。

電話口からでもわかる元気な様子で、相手をほめる面接をやり始めてからというもの、まったく疲れなくなったばかりか、とても優秀な人を採用できるようになったと言います。

相手をほめると自分もポジティブになれる

この「ほめる面接」には、様々な効果があります。

従来の面接だとお互いに悪いところを見られまいとネガティブになり、エネルギーの奪い合いになってしまいますが、相手をほめることで楽しい雰囲気で面接が進められ、さらにお互いがポジティブな感情になって、エネルギーを与え合うことになります。

それに不合格になった人も、その会社に対する印象が悪くなることはありません。

それどころか、「採用面接では落とされたけれど、こんな人が社長をしている会社なら、ぜひそこの商品やサービスを利用したい」と思うかもしれません。

さらに採用された人は「自分のことを理解してほめてくれたこの社長に、一生ついていこう」とか、「この人のためにがんばろう」と思うはずです。

いいところを見つけてほめ合えば、人間関係は良くなる

面接に限らず、日頃から相手のいいところを見つけて、ほめる習慣をつけるようにしましょう。

悪いところを指摘することもときには必要かもしれませんが、悪いところって人から改めて言われると嫌なものです。

それよりもいいところを見つけてほめ合えば、もっと人間関係が良くなりますよ。

天が味方する「引き寄せの法則」13

相手の短所にフォーカスせず、長所を見つけてほめよう

人をほめるのは相手のためでなく自分のため

面接のたびにエネルギーを奪われていた不動産会社社長

採用された人は……

不採用になった人も……

Point

日頃から相手をほめる習慣をつけよう

14 「いい感じですね」は、どんな相手にも通用する魔法の言葉

どんな強者にも効くパワーワード

相手をほめるときに、「どこをほめたらいいかわからない」ことがあるかもしれません。

そんなときに、とっても便利な言葉があります。それは**「なんか、いい感じですね」と言うのです。**

「いい感じですね」と言われて気を悪くする人はいません。

それどころか、「いい感じですね」と言われた人は、言ってくれた人の思いや期待に応《こた》えようとして〝いい感じの人〟を演じようとします。

たとえば、私は移動の手段として毎日のようにタクシーを利用するのですが、その際に必ず、運転手さんをほめるようにしています。

そしてどこをどうほめていいかわからない強者《つわもの》（笑）が現れたとき、「なんか、いい感じですね」を使います。

そうすると、それまではむすっとしていた人が笑顔を見せてくれたり、乱暴な運転をしていた人が慎重に運転してくれるようになります。

どんな人でも悪く見られたいとは思いません。そして、自分を良く思ってくれた人を大切にしようと思うのは、ごく自然な感情なのです。

自分がいい感じでとらえれば、相手も応えてくれる

「なんか、いい感じですね」にもう一言添えて言うと、効果は倍増します。

どんな言葉を添えればいいかといえば、やはり**その人の雰囲気を〝いい感じ〟にとらえて言うのです。**

たとえば大人しそうな人、悪くいえば暗そうな人なら「なんか、癒《いや》し系ですね」とか。

逆にうるさそうな人なら「情熱的な方ですね」といったように、相手の特徴をプラス思考でとらえて言えばいいのです。

長所のない人なんて、1人もいません。

さらにいえば、長所も短所もとらえ方次第です。

相手を〝いい感じ〟でとらえれば、相手も〝いい感じ〟で応えてくれます。人間関係がますます良くなる方法なのです。

「情けは人の為ならず」自分に返ってくる

人をほめたり、やさしい言葉をかけるのは、その人のためだけにするのではありません。

「情けは人の為《ため》ならず」という言葉があるように、**人のためにすることは、必ずめぐりめぐって自分のところに返ってきます。**

最近では「クレーマー」が増え、なにかにつけて文句をつける人が多いようですが、これも私にいわせれば、結局は損をしているのです。

人や出来事にいつも感謝していると、また感謝したくなるような人や出来事を引き寄せます。

逆にいつも怒っている人にはまた、怒りたくなるような出来事が引き寄せられてくるのです。

天が味方する「引き寄せの法則」14

ほめるところに困ったら「いい感じですね」で人間関係は格段に良くなる

ほめるところに困ったら「いい感じですね」

ほめ方が難しい手強い相手には……

怒っている人には怒りたくなることが起こる

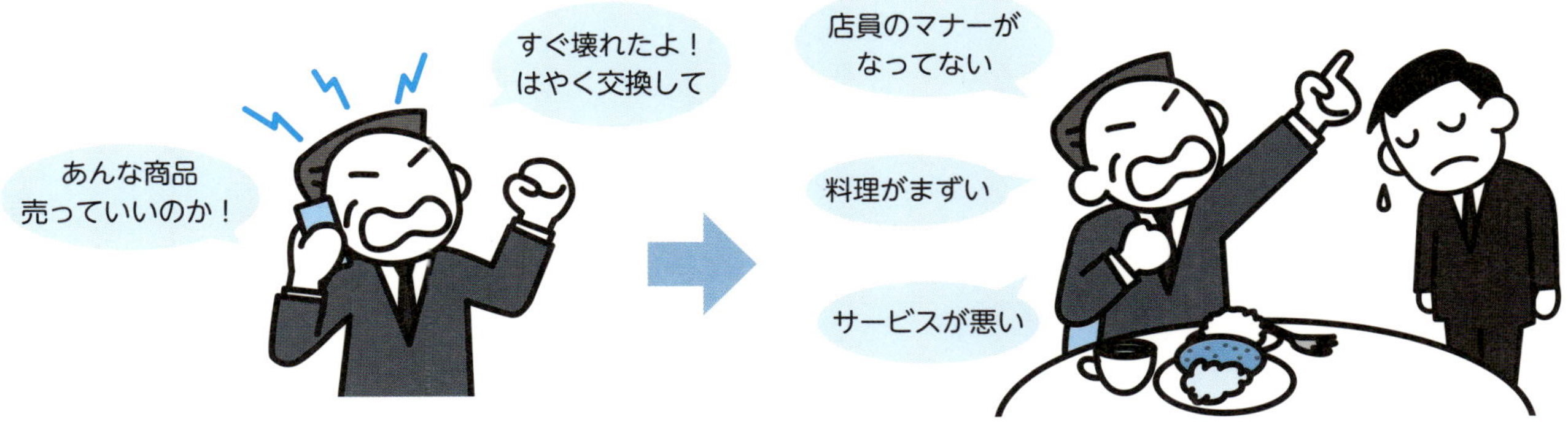

Point

人や出来事に感謝する人のところにいいことが起こる

15 自分で自分の機嫌をとれる人が、しあわせを引き寄せる

悪いことをしてもめぐりめぐって自分に返ってくる

他人にいいことをしたらめぐりめぐって自分にいいことが返ってくるように、他人に悪いことをしたらやはり、めぐりめぐって自分に悪いことが返ってきます。

最近よく思うのは、多くの人が「エネルギーの奪い合い」をしているということです。社会的構造から、地位や権力をもっている人が弱者を支配しようとします。

強い人は、弱い人からエネルギーを奪おうとします。

そして、その奪われた人は、自分より弱い人からエネルギーを奪おうとするのです。

会社、家庭、学校、仲間内で、こうした「エネルギーの奪い合い」という負の連鎖《れんさ》を、どこかで断ち切らなければなりません。

そしてそれを「エネルギーの与え合い」という、プラスの連鎖に変えていかなければならないのです。

「エネルギーの奪い合い」から「エネルギーの与え合い」に変える

日本には古くから「恩送り」という考え方があります。

これは、だれかからいただいた〝ご恩〟を直接、その人に返すことも大事だけれど、まったく別の人にも送る。

その恩を受けた人はまた別の人に恩を送り、そうやって恩は世の中をぐるぐるとまわっていくという考え方です。

海外にも「ペイ・フォワード」という考え方があります。これと似ていますね。

人類が「エネルギーの奪い合い」から「エネルギーの与え合い」をするように変われば、そのときこの世は「天国」に変わります。

そのための第一歩が、**自分の機嫌を自分でとって、自分をしあわせにすることです。**

そしていつも楽しいことを考えて、自分に〝上の気〟をためます。

上の気というういいエネルギーが自分にたくさんたまっていれば、いつでもだれかにそれを渡すことができます。

こうしてまわりに上の気を送っていると、いつしか自分のいるところが天国に変わっていくのです。

しあわせになるのは権利ではなく義務

一人さんは「人がしあわせになるのは権利ではなく義務なんだよ」と言います。

一人ひとりが自分をしあわせにすれば、この世界はみんながしあわせになります。

まさに天国ですね。

言い換えれば、一人ひとりが自分の機嫌を自分でとれれば、世界中が「エネルギーの奪い合い」から「エネルギーの与え合い」に変わります。

「自分の機嫌を自分でとるのは義務なんだ」とみんなが気づけば、世の中から争いごとや奪い合いがなくなり、お互いのことを理解し合って助け合える世界に変わることでしょう。

天が味方する「引き寄せの法則」15

自分で自分の機嫌をとるのは権利ではなく義務である

エネルギーを与え合ういい関係を築こう

エネルギーの奪い合い　　エネルギーの与え合い

自分で自分の機嫌をとるのは義務である

Point

一人ひとりが自分の機嫌を自分でとれば世界は変わる

16

「〝また〟会いたい」の「また」があなたの魅力

「オーラのある人」＝「たくさんの人から応援されている人」

芸能人のデビュー前とデビュー後の写真を比べると、明らかにデビュー後の方がカッコよく、キレイになっています。

これはメイクが上手になったとか、スタイリストさんがつくようになったというような二次的な要因もありますが、一番はファンからの「カッコいい！」とか「かわいい！」という声援が、その人をより魅力的にしたのです。

さらに人気の高いスターはオーラがすごいといいますが、このオーラというのもエネルギーです。

そしてそのエネルギーのもとになっているのが、多くのファンからの応援や声援のエネルギーなのです。

魅力とは「また」であり「足し算」である

人から応援してもらうためには、魅力が必要です。

「でも私は顔もよくないし、スタイルも悪い」とか、「僕には歌がうまいとか、サッカーが上手とかの特技がない」と嘆くかもしれませんが、顔のよさや特技だけが魅力ではありません。

魅力とは、**一言でいえば〝また〟です。**

〝また〟といっても股間《こかん》の〝股《また》〟ではありません（笑）。

「〝また〟あなたに会いたい」という、〝また〟があなたの魅力なのです。

そして、**魅力とは〝足し算〟です。**

自分の得意なことと、好きなことで人の役に立つ。その上、笑顔がステキ。

やさしい、思いやりがあるとか、自分のできること、相手がよろこんでくれることを自分にどんどん、足していけばいいのです。

そうしたことの一つひとつがエネルギーとなって、あなたをより魅力的にしてくれます。

魅力的なことをしていると「宇宙貯金」が貯まる

一人さんは「地球には引力、人には魅力がある」といいます。

そして、この宇宙には〝宇宙貯金〟というものがあって、魅力的なことをしているとプラスされて、逆に魅力的ではないことをしているとマイナスされるのだそうです。

さらに、この宇宙貯金は金利がつきます。

〝いいこと〟ばかり起こる人は、それだけ魅力の貯金をしている証拠といえます。

いいことをして、その結果としていいことが起こるだけではないんですね。

逆に〝悪いこと〟が続くのも、宇宙貯金がマイナスになっている証拠だといえます。

金利ってお金を預けるときよりも借りるときの方が高いのと一緒で、宇宙貯金もマイナスになると、自分がしたこと以上にイヤなことや悪いことが起こるのです。

ちょっとした行いも、使う言葉も「どうすればもっと魅力的になるだろうか」と考え、少しでも多くの宇宙貯金ができるように心がけたいものですよね。

天が味方する「引き寄せの法則」16

自分の魅力がどうすればもっと高まるのかを考えると、宇宙貯金がどんどん貯まる

「また会いたい」と思ってくれる人を増やそう

仕事ができる　＋　笑顔がステキ　＋　思いやりがある

魅力＝また会いたい

いいことをする人は魅力の貯金をしている

Point

魅力のある人にいいことは引き寄せられる

17

「天がマルをくれるか」で考えるとすべてうまくいく

近江商人が成功した理由

1人からもらうエネルギーより、2人からもらった方が多いし、たくさんの人からもらえばそれだけエネルギーは多くなります。

仕事の成功も、より多くの人に支持され、よろこばれる量が多ければ多いほど、成功に結びつくのです。

その昔、今の滋賀県のあたりの近江《おうみ》の国には「近江商人」と呼ばれる人たちがいました。

その人たちは商《あきな》いをする上での理念として、つねに「三方よし」ということを考えていました。それは、「売り手よし、買い手よし、世間よし」の三方がよいことです。

なぜこのような考え方をするようになったかというと、近江商人たちは自分たちの国で商売するだけではなく、広く他国へも出かけて、いろいろな国の特産物を行商していました。

でも普通は、よその国の人が来ても信用されず、商売することはなかなかできなかったのです。

そこで近江商人たちは他国の人に信頼してもらうために、自分たちのトクばかりではなく、商いの相手もトクをして、さらに商いをさせてもらう地域の人たちにもよろこんでもらえることを考えました。

それがやがて「三方よし」という考え方となって、定着していったのです。

「三方よし」よりワンランク上の「四方よし」でいこう

一人さんはさらに、「四方よし」という考え方を私たちに教えてくれました。

たとえば新商品を考えるときは、お客さんのためになって、それで世間もよろこんでくれて、自分たちもしっかりと利益を出す。

そしてさらにそのことで、天がマルをくれるかどうかを考えるのです。

四方よしで物事を考えれば、相手が応援してくれて、世間も応援してくれて、自分も楽しく、さらに天も味方してくれるのです。

これだけ多くのエネルギーを得られる方法は、他には絶対にありません。

「自分が楽しいか」を判断基準にする

いきなり「四方よし」になるように考えようとするとハードルが高くなり、難しいかもしれません。

だからまずは**「自分にとって良い方法」**を**考える。**

そしたら次は、その一つ上を考えて、**「相手にとってもいい方法」になるように考える。**

それができたら今度はその一つ上を考えて、**「まわりや世間にとって良い方法」になるように考える。**

それができたら最後に**「このことで神様はマルをくれるだろうか」と考えればいいのです。**

「千里の道も一歩から」で、その最初の一歩は自分の「楽しい」から始めれば、どんな旅も「四方よしの楽しい旅」になりますよ。

天が味方する「引き寄せの法則」17

自分自身の「楽しい」が成功への第一歩

「天」のことまで考えるとあなたはもう完璧！

一人さんから教わった「四方よし」の精神

四方が応援してくれるとエネルギーはMAX

お客様　**世間**　**自分たち**　**天**

①自分にとって良い方法
②相手にとっても良い方法
③周りや世間にとって良い方法
④このことで神様はマルをくれるか

Point

まずは「自分の楽しい」から始めよう

コラム②

たった1人のこの想いが会社を変えた！

「自分１人ががんばったって、会社は変わらない」とあきらめて、自分からはなにもしようとせずに、会社や上司の批判をしている人をたまに見かけます。

しかし、たった１人でも会社を変えることはできます。

このお話は、一人さんの愛弟子《まなでし》さんである堀嶋さんの体験談です。

堀嶋さんは、新年度に全国から社員が集まる会社の会議で、話をする機会を与えられました。

堀嶋さんは、事前に各部署をまわり、「仕事の楽しさや達成して感じたこと」について聞いてまとめ、それをみんなの前で発表することで、仕事に対する意欲ややる気、社員全員に連帯感をもってもらおうと考えました。

さらに、一人さんの「大我と小我」の話も引用して話したそうです。

その内容は、大我で生きることの大切さ。大我で経営を考えたとき、会社として利益を上げるだけではなく、お客様のよろこび、社員のしあわせ、取引先の成功、世間やみんながハッピーになることを願って仕事をする。そうすれば、みんながよろこんで応援してくれる会社が必ずできる、といったものです。

発表が終わって休憩時間のときに、ある人が堀嶋さんに近づいてきて、発表の感想を、こう話してくれました。

「私は今まで、陰で会社の悪口や他の社員の悪口を言っていました。

でも今日、堀嶋さんのお話を聞き、自分がやっていたことが、とても恥ずかしいことだと気づきました。

私は考えを改めようと思いました。ありがとうございます」

さらには社長や役員、多くの社員が堀嶋さんの発表に共感して「いいね！」とか、感謝や感動の言葉をくれたそうです。

堀嶋さんがそうであったように、たった１人の小さなエネルギーでも、それが大我のエネルギーならまわりの人たちを変え、さらには大きなエネルギーへと発展していきます。

それに「大我」を目指した時点で、その人はもう１人ではありません。仲間が、お客様が、世間が、そして神が味方してくれる存在なのです。

第3章

天が味方する「どんなことも楽しめる人の法則」

18

「楽しいから成功するんで、成功したから楽しいんじゃないですよ」

うまくいかないのは、エネルギーの切り替えを知らせるサイン

なぜか、なにをやってもうまくいかないときってありますよね。

そんなときはまず、自分がマイナスのエネルギーを出していないか、見直してみることが大切です。

マイナスのエネルギーからプラスのものは生まれません。だから物事がうまくいかないのは「そろそろエネルギーを切り替えないとダメですよ」というサインなのです。

点検の仕方はいたってカンタン。**自分の心が楽しいかどうか。**

楽しくない人からは、楽しくない波動が出ています。

そういう人のもとには楽しくない人や、楽しくない出来事が引き寄せられてきます。

仕事が楽しくないからとか、なにも楽しいことがないから、楽しいことを考えられないのかもしれません。

そんなときは、**自分の心が楽しくなることを探してください。**趣味でもなんでもいいから好きなことをして、心を楽しくするのです。そうすれば楽しい時間が増えます。

仕事自体が楽しくなくても、仕事が終わったら楽しめるとか、一所懸命稼いで楽しもうとか、気持ちの切り替えができます。

そうして楽しい気持ちで仕事をしているうちに、仕事自体も楽しくなってくるのです。

笑うことで楽しくなるし、おもしろいことも起こる

中には「楽しんじゃいけない」と考えている人もいます。

たとえば、まじめすぎる人。

仕事も勉強も、まじめに努力することは大切なことです。でも、まじめすぎる人っておもしろくありません。

それは昔、学校で笑っていたら「まじめにやれ！」と先生に怒られたからかもしれません。

部活で楽しそうに笑っていたら「真剣さが足りない！」と注意された人もいるでしょう。

日本人は特に、普段から笑顔が少ないと思います。それは海外に行ったときにすごく感じます。

厳格さや規律を重んじる日本の習慣はすばらしいと思うのですが、日常をもっと楽しくする工夫も大切だと思います。

また中には、家族が重い病気にかかっていたり、大変な苦労をしていると、自分だけが楽しくしてはいけないという気持ちになる人もいます。

でも、同じように暗くなっていては、自分の心まで暗くなってしまいます。そういうときだからこそ、自分は明るく楽しくして、家族をもり立てていくことが必要です。

一人さんの言葉に、**「楽しいから成功するんで、成功したから楽しいんじゃないですよ」**というものがあります。

「笑う門には福来《きた》る」とも言います。

おもしろいことがないからブスッとしているのかもしれませんが、笑えば楽しくなるし、おもしろいことも起こるのです。

一番大事なのは、**自分の気持ちをコントロールすることなのです。**

天が味方する「引き寄せの法則」18

うまくいかないときは、何でもいいから楽しくなることを探す

うまくいかないときは「エネルギーを変えなさい」のサイン

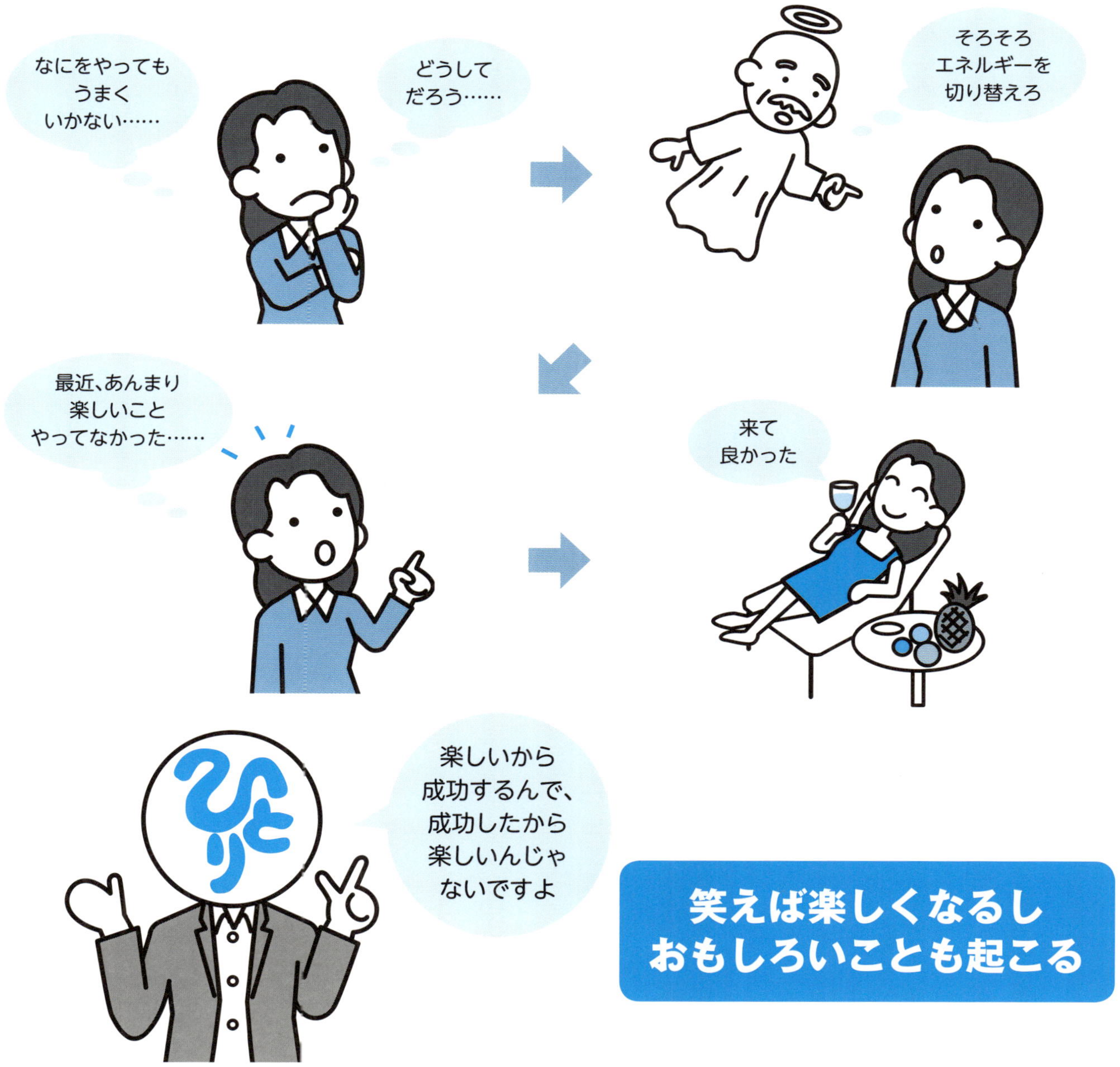

Point

楽しい気持ちで過ごすと楽しいことが引き寄せられる

19 問題が起こったときは、あなたが飛躍するチャンス

悩みが深ければ深いほど解決できたときの喜びも大きい

悩み事はだれにでもあります。

でも、その悩み事にどう対処するかで、人生は大きく変わります。

悩むと人は落ち込みます。

落ち込むと「圧」が下がり、エネルギーも抜けてしまいます。

自分の内面と向き合うことはとても重要ですが、悩みに飲み込まれて落ち込んでしまってはいけません。

それよりも、客観的な視点に立って、自分の悩みを見つめてみてはいかがでしょうか。

たとえば、探検家になったつもりで、自分の悩みを探検してみるのです。

「悩み」という名の真っ暗な洞窟《どうくつ》を「楽しい」という自分の感覚を頼りに進んでいきます。

行き止まりにぶつかることもありますが、そうやって進んでいくうちに、必ずゴールに近づいていきます。

その進む先には必ず、お宝が待っています。

その行程が困難であればあるほど、「宝の山」は大きいのです。

問題がないと人はなかなか変わらない

または〝名探偵〟になりきって、自分の悩みという〝事件〟を解決していくのもいいでしょう。

まずは悩みの発端となった事件を検証していきます。そのときの自分の感情、相手がいる場合は相手の感情も考察してみます。

さらには過去に同じような事件がなかったか考えてみましょう。そうすると、事件の裏に隠された自分の感情や動機のようなものが見えてくるかもしれません。

自分の悩みを第三者の視点に立って冷静に考えると、悩みの本質がわかります。

また、自分の考え方や好みなどの傾向もわかって、「ここを直そう」と反省や改善ができ、より具体的な解決策を考えだすことができます。

なにより、「どうしよう……」と考えるより、「この事件を解決するぞ！」と思った方が明るく、楽しいですよね。

問題が起こったら楽しい解決法を考える

なにか問題が起こったときは、それは飛躍のチャンスです。その問題を改善すると、さらによくなれるのです。

人は問題がないと日常をなかなか変えようとしません。

だから、問題が起こったらただ悩むのではなく、楽しく問題解決法を考える。

さらに、まわりも巻き込んで一緒に成長しましょう。

まさに、転んでもタダで起きてはダメなんです。

自分との向き合い方が上手な人は、人との向き合い方も上手になります。

自分と向き合うことでさらに自分を理解し、自分のことが好きになります。

自分を愛せない人は、人も愛せないのです。

天が味方する「引き寄せの法則」19

悩みには必ず解決法がある。楽しく解決法も考えてみよう

悩みを楽しく解決すると人生は大きく好転する

悩みを上手に解決する方法

**問題が起こったときは
飛躍のチャンス**

Point

問題が起こったら、楽しく解決法を考えてみる

20 「当たり前」に感謝できる人が成功する

今の自分や身のまわりのことに感謝する

普段の生活でなにか「つまらないな」とか、不平・不満が出たら要注意です。

それはあなたのエネルギーが下がっている証拠です。

また、なにも行動しない、なにも考えていないというのもダメです。常に心を〝楽しい〟で満たしていないと、人は不安になってきて、エネルギーが下がってしまうのです。

そんなとき、まず点検しなくてはならないのは、**今の自分や身のまわりに感謝できているかということです。**

たとえば、今日のごはんが食べられることに感謝。仕事ができることに感謝。なにかあったら相談できる人がいることに感謝。今日一日を元気に過ごせたことにも感謝。

これがもし、ごはんが食べられるのはお金を払っているんだから当たり前。仕事をして給料をもらうのは当たり前。親が子どもの面倒を見るのは当たり前。子どもは親の言うことを聞くのが当たり前。体の健康も生きていることも当たり前と思っているのなら、それはとても残念なことです。

世界では1日に約4万人の人が餓死《がし》しています。仕事もなくて貧困にあえいでいる人もたくさんいます。そして1日に15万人の人が亡くなっています。

その中には戦争や犯罪の犠牲で亡くなる人もいます。

人生これからというときに、自分が悪くなくても命を奪われる人がたくさんいるのです。

エネルギーのある人は感謝の量も大きい

そう考えると、私たちの日常にはなに1つ、「当たり前」なんてないんだということがわかります。

遠くにいる人とも携帯電話ですぐに話ができ、最近では相手の顔を見て話すこともできます。

スイッチをつければ明かりがつき、蛇口をひねれば水もお湯も出る。

今では当たり前のようなことも、ほんの100年前までは夢のようなことだったのです。

私は最近、身のまわりのことを改めて意識するようにしています。

たとえば会社や仕事の仲間たちのことも、一人ひとりの名前を口に出して「ますます愛が深まりました」とか「すごく仲良しです」といつも言っています。

そうすると改めて相手のいいところが見えてきたり、感謝の気持ちがわいてきて、さらに仲良くしたくなるのです。

「ありがたいなぁ」と思うだけでなぜかしあわせな気分になり、体にエネルギーが満ちてくるのを感じます。

エネルギーにあふれている人というのは、それだけ感謝の量も多いのです。

ぜひ、不平・不満やグチ・泣き事が出そうになったら、身のまわりの自分のしあわせを数えてみてください。

ごはんが食べられてしあわせ。仕事ができてしあわせ。朝、目が覚めてしあわせ……。

こうして数えたしあわせが、あなたにエネルギーをもたらしてくれるのです。

天が味方する「引き寄せの法則」20

不平・不満を言う前に身の回りのことに目を向けて感謝してみよう

この世で当たり前のことなど1つもない

身の回りのことすべてに感謝する

朝起きて感謝

いただきまーす

朝ごはんに感謝

仕事に感謝

仕事相手に感謝

家族に感謝

無事一日を終えたことに感謝

仕事仲間
に感謝すると……
ますます愛が
深まりました
すごく仲良しです

エネルギーにあふれている人は感謝の量も多い

Point

不平・不満が出そうなときは身の回りのしあわせを数えてみる

21 あなたにピッタリの天職を見つける方法

「仕事が楽しくない」という人は……

よく、「やりたいことが見つかりません」とか「今の仕事が天職とは思えません」といった相談を受けます。

自分の好きなことをそのまま仕事にできた人は、ある意味ラッキーかもしれません。

多くの人が、自分の好きな仕事に就いたり、希望する会社に入れるわけではないからです。

楽しく仕事ができるに越したことはないのですが、おおむね仕事は大変なものです。

だからこそ、給料をもらえるのです。

「仕事が楽しくない」という人は趣味を充実させるとか、他に楽しいことを見つけてください。

趣味ってお金がかかるのです。

もっと趣味を楽しもうと思うと、もっと稼ごうと思います。

そうやって趣味を楽しむために仕事をがんばっていると、いつの間にか仕事も楽しくなってきます。

天職とは〝呼ばれるもの〟

「天職が見つからない」という人は、まずは今の仕事を一所懸命やってみてください。

無職の人なら、自分の希望よりもとにかく「働かせてくれるところ」を探すのです。

天職とは〝呼ばれるもの〟です。

つまり、**呼ばれた先で一所懸命仕事をすることが天職なのです。**

自分が「好き」というのも大事ですが、それよりも**その仕事や会社に「縁があるか」どうかの方が大切なのです。**

なんでもそうですが、一所懸命やっていると道は拓《ひら》けてきます。

だからまずは人事を尽くす。そうしないと、あなたの本当の天命はわかりません。

先に天職や天命を知ろうとしてもダメなのです。なぜかというと、天命や天職は教えてもらうものではなく、それを知る過程が一番大事だからです。

楽しい人生をおくりたかったら楽しむ自分をつくれ

一人さんは楽しい人生をおくる方法を、こう話してくれました。

「『人事を尽くして天命を待つ』という考え方と、『天命に任せて人事を尽くす』という考え方があるんです。

ようするに、天命として出てきたことをやるんだっていうことだから、一所懸命やることは考えているけれど、先になにが出てくるかはお楽しみなの。

明日は明日、まったくわからないのがお楽しみっていうことかな。

楽しい人生をおくりたかったら、なにが出てきても楽しめる自分をつくることだよ」

一人さんの生き方はまさに、この「天命に任せて人事を尽くす」なんです。

さらにいえば、自分に起こったことを天命ととらえ、それをどんなことでも〝楽しく〟人事を尽くす。

これが一人さん流なのです。

天が味方する「引き寄せの法則」21

なにが起こっても、楽しくとらえて人事を尽くす。それが天職につながる

天職はこうして見つける

仕事は「好き」よりも「縁」の方が大事

縁
好き

天命に任せて
人事を尽くす
それがなにか
まったくわからないのが
お楽しみ
ひとり
天命として出てきた
ことをやる
なにが出てきても
楽しめる自分をつくる

Point

目の前の仕事を懸命にやると天職は見えてくる

22 〝正しさ〟より〝楽しさ〟を優先する

「正しいこと」＝「しあわせ」ではない

「まじめに生きているのにうまくいかない」という人がいます。

こういう人はつねに〝正しさ〟を追い求めています。

まじめに生きることも、〝正しさ〟を追い求めることも、悪いことではありません。

でも、**そこに〝楽しさ〟がないと、やはり物事はうまくいかないのです。**

算数のように、1＋1＝2というような正しさを求めることは必要です。

お店でレジのお金が多くても少なくても問題ですし、電車やバスの到着時刻が適当だと困ります。

でも、必ずしも1＋1＝2とならないのが人生です。

ある人にとって正しいことが、ある人にとって正しくないこともあります。

また、世間の常識や倫理に反することも、100年ぐらい前はそれが正しいとされていたこともあるのです。

正しさばかりを追い求めると、人は苦しくなります。だから、**ときには正しさよりも楽しさを優先させることも必要なのです。**

楽しさを追求していくと、人生そのものが楽しくなる

世間の人は正しさを追求しますが、一人さんはとにかく、楽しさを追求しています。

商品名を決めるときでも「マーケットをリサーチして……」云々《うんぬん》より、その商品名が楽しいか、楽しくないかで決めるんです。

「銀座まるかん」の大ヒット商品『スリムドカン』も、こうして名前が決まりました。

仕事をしているときでもとにかく「それは楽しいかい？」って聞くのです。最初は本当に「変な人だなぁ」と思いました（笑）。

でも、一人さんの言うように楽しさを追求していったら仕事も楽しくなって、さらに仕事をしていないときも楽しくなって、気づいたらいつも楽しい自分がいました。

一人さんは仕事が楽しくないという人には、「趣味でもなんでもいいから、とにかく楽しいことを考えな」って言います。

楽しいと感じられなければ、しあわせではない

とにかく、楽しいからスタートしないと、すべてがつまらないものになってしまいます。すると、人生そのものがつまらないものになってしまいます。

だから楽しい時間をどれだけつくるかで、しあわせって決まってくるのだと思うのです。

つまらないことをやり続けて、しあわせになることはできません。

一人さんが言い続けてきた「しあわせ論」とは、「楽しい論」なんです。

どれだけ正しいことを追求していっても、それを楽しいと感じられなかったら、人はしあわせではないのです。

人は「正しく生きる」ことよりも「楽しく生きる」ことの方が大切なんですね。

天が味方する「引き寄せの法則」22

楽しい時間をどれだけつくれるかでしあわせが決まる

「正しさ」よりも「楽しさ」を優先する

銀座まるかん最大のヒット商品はこうして生まれた

商品名も
面白く
なきゃあ
楽しさで名前を
決定！
スリムドカン
銀座まるかん
大ヒット商品に!!

趣味でも
なんでもいいから
とにかく楽しいことを
考えな
楽しい時間を
どれだけつくるか
しあわせが決まる

Point

楽しさを追求すると人生そのものが楽しくなる

23 どれだけ成功しても絶対やってはいけないことがある

一世を風靡した人気者がなぜすぐに没落してしまうのか

一世を風靡《ふうび》するほど人気者だった芸能人が、その数年後にまったく売れなくなることがあります。

また、大成功をおさめた企業家が、問題を起こして進退を問われたり、その会社が倒産に追い込まれるというようなことも、まれなことではありません。

こういう人たちの特徴は、**成功したり人気が出たらおごりが出て、威張りだすことです。**

どれだけすばらしい才能をもっていても、どれだけ優秀な業績を残せたとしても、絶対にやってはいけないのが、この〝威張る〟という行為です。

威張るとまわりから嫌われるだけではなく、せっかく天から与えてもらった才能も活かせなくなってしまいます。

威張る人＝自分で自分の機嫌がとれない人

威張る人というのは、自分で自分の機嫌がとれない人です。

自分で自分の機嫌をとれる人にとっては、人にほめてもらったり、気を使ってもらうのは、それはそれでありがたいことだけれど、そうでなくても別に問題ありません。

レストランやお店で、従業員に威張り散らしている客がたまにいますが、あれほどみっともないものはありません。

「こちらはお金を払っている客なんだから当然だ」と言いたいのかもしれませんが、結局は自分の品位を落とすだけでなく、他人のエネルギーを奪った分だけ、めぐりめぐって自分のエネルギーも奪われることになります。

それがわからないのです。

エネルギーを自家発電し、余ったら人にあげよう

一人さんは絶対に威張りません。どこに行っても、だれとでも気さくに話をします。

そして、だれに対しても思いやりを尽くします。

たとえばお昼ごはんを食べに入った食堂が混んでいたら、「カンタンなものだけ頼んで、サッと出ようね」と言います。

それと一人さんは、人から気を使われることも嫌います。

だからテレビやマスコミに出たがりません。

有名になりたい人って、人からチヤホヤされたいのです。これが大きな間違いです。

威張ったり、人に機嫌をとらせる人は、相手のエネルギーを奪います。

いわば、「エネルギー泥棒」です。

これは天から見たら、犯罪です。

だから必ず、報《むく》いを受けます。

それに対して、自分の機嫌を自分でとっている人はエネルギーを〝自家発電〟し、余った分を惜しみなく相手に与えます。

だからいつも豊かです。

こういう人には世間も味方するし、天も味方するのです。

天が味方する「引き寄せの法則」23

うまくいっても決して威張らず、エネルギーを自家発電して人に与えよう

どんなに成功してもこれだけはやってはいけない

どんな人にも思いやりがある一人さん

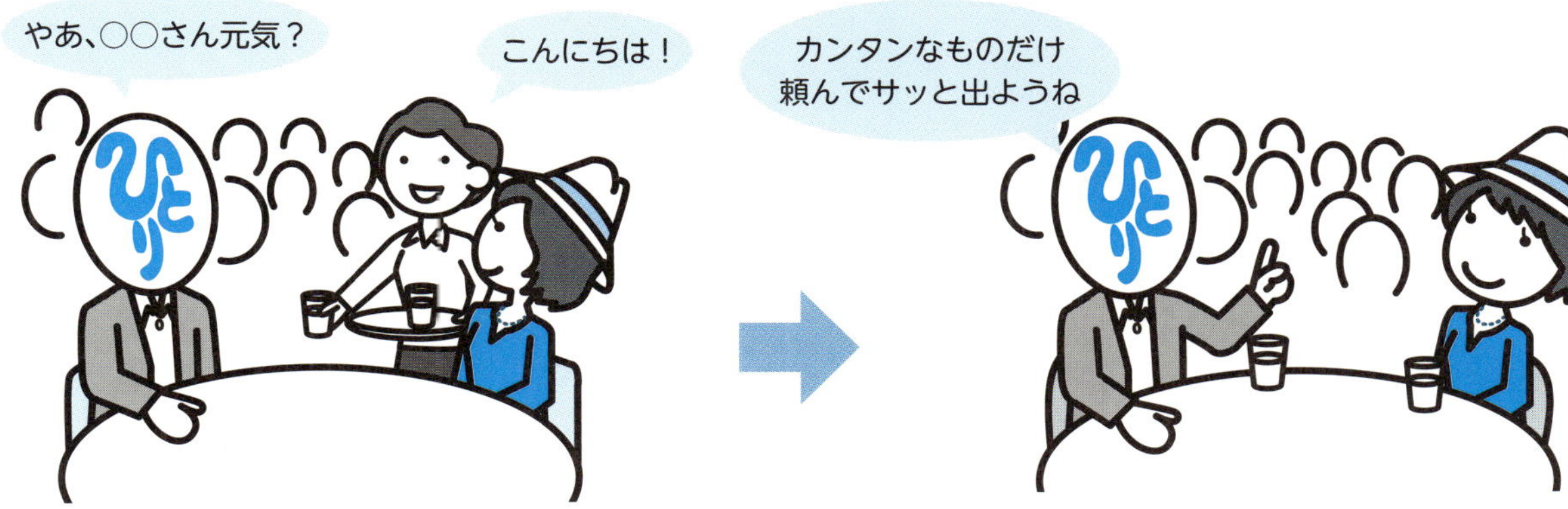

Point

うまくいっても決して威張らず、自分で自分の機嫌をとる

24

「エネルギー泥棒」から自分の身を守る方法

機嫌の悪い人には近づかないのが一番

どれだけ気をつけていても、世間には相手の元気ややる気を奪おうとする、「エネルギー泥棒」がいます。

そういう人に出会ったときの対処方法を教えます。

まず、**逃げられるときは逃げるのです。**人の機嫌をとろうとすると、こちらの機嫌も損ねることになります。だから、こういう人は相手にしないのが一番なのです。

では、逃げられないときはどうするか？

そのときは前にも書いた通り、**「修行が来たな」と思うことです。**

ただ、それをだまって我慢してはいけません。我慢すると、マイナスのエネルギーになって、結局自分のエネルギーを減らすか、他のだれかのエネルギーを減らすことにつながってしまいます。

ではどうするかというと、これも**「楽しい」に変えるのです。**

会社の部長がエネルギー泥棒だとしたら、「よし、今日も『部長の滝』で修行しよう！」って思うと、フッと気が楽になります。

また、その部長を自分の心の中で「達人」と呼ぶのです（笑）。それで友達に「ウチの会社に人のエネルギーを奪う達人がいて、その達人が今日はこんなことしたんだよ」などと笑い話に変えるのです。

するとその友達も「ウチの会社にも達人がいてね……」となるかもしれませんし、別の日に「今日の達人、どうだった？」と聞いてみたり、友達と飲みながら「達人会議」を開くのもおもしろいかもしれません（笑）。

完璧な人なんていない。だからゆるそう

笑いや楽しいことに変えるだけでなく、学びに変えることも忘れてはいけません。

自分がされてイヤなことは絶対に人にはせず、そこから学んで逆のことをすれば、その経験が活かされます。

「人の振り見て我が振り直せ」ですね。

人のエネルギーを奪おうとするような人は、人間が未熟なのです。

だから、やられたことにいちいち腹を立てるのではなく、「この人は未熟なんだ」と思ってあげましょう。

腹を立てるとその分、自分のエネルギーを減らすことになってしまいます。

それに、相手も未熟だし、自分も未熟なんです。

完璧な人間なんて、1人もいません。

完璧とは神の領域です。

私たち人間は魂を成長させるために〝不完璧〟に生まれてきました。

不完璧だからこそ、できないことができるようになるのがうれしいし、自らの成長を楽しむことができます。

相手も「成長しようとしている魂」であり、自分も同じ、「成長しようとしている魂」なのです。

そうやって考えると、ゆるせることが増えます。

ゆるせることが増えると、生きることがもっと楽になりますよ。

天が味方する「引き寄せの法則」24

イヤな相手にやられたことに腹を立てず学びに変える

エネルギー泥棒に出会ったときの対処法

逃げる

修行だと考える

不完璧だからこそ、できないことができるとうれしい

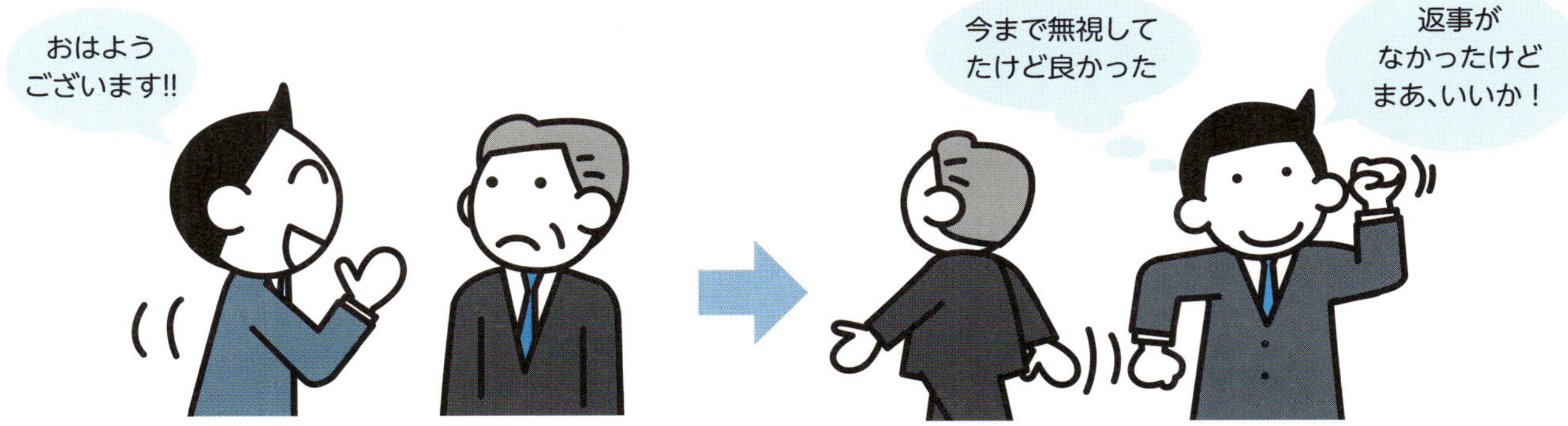

Point

完璧な人なんていない。だから、ゆるそう

25 いらないモノ、使わないモノを捨てる

調子が悪いときは必ず部屋をそうじする私

「なぜか、うまくいかない」「エネルギーが下がってる」と感じたとき、あなたの身のまわりを見渡してみてください。

玄関はキレイですか？　窓やトイレは汚れていませんか？

汚れていたり、ホコリがたまっていたり、汚いところにはマイナスのエネルギーがたまります。

それがあなたのエネルギーを奪い、運気を下げるのです。

私はなにか調子が悪いときや、新しいことにチャレンジするときには、必ず部屋をそうじすることにしています。

そうすると、不思議とエネルギーがみなぎってくるだけではなく、気持ちもスッキリし、頭の中も整理されて、いいアイデアが浮かんできます。

古いモノを捨てると、新しいモノがどんどん入ってくる

そうじをしてキレイにすることも大切ですが、さらに重要なのは、**「いらないモノを捨てる」ということです。**

いらないモノ、不必要なモノを捨てずにため込んでいると、そこからもマイナスのエネルギーが出て、運気を下げます。

だから、定期的にタンスや押し入れの中を整理し、いらないモノ、不必要なモノは捨てましょう。

「いつか使うから」とか「もったいないから」という気持ちはわかりますが、**モノは使われて初めて価値が生まれます。**

モノも、使われずに放っておかれるのが一番つらいのです。

だから、使えるモノであれば、だれか欲しい人がいればあげるとか、リサイクルショップを利用するという手もあります。

エネルギーというのは、つねに循環が必要なのです。

だから、いらないモノ、使わないモノはどんどん捨てる。

すると、モノの大切さがわかって無駄遣いしなくなったり、古いモノを捨てることで、また新しいモノが入ってくるようになるのです。

金運を上げたい人はトイレ、情報を得たい人は窓ガラスをそうじする

モノがたくさんあふれていた方が豊かそうに思うかもしれませんが、実は逆なのです。

テレビドラマで貧乏人の部屋を演出するときは、モノをたくさんゴチャゴチャと置きます。

これに対してお金持ちの部屋を演出するときはあまりモノを置かずにスッキリさせます。

神社やお寺など、神聖な場所も同じです。

置かれているものは必要最低限のモノだけで、入り口や参道付近も常に掃き清められています。

ちなみに、金運を上げたい人はトイレを、いい情報を得たい人は窓ガラスを重点的にキレイにしましょう。

また玄関は特別な場所なので念入りにそうじし、靴も整理しましょう。

天が味方する「引き寄せの法則」25

モノは使われて初めて価値が出る。
いらないモノは捨てよう

運気を上げたいときはいらないものを捨てる

いらないものからはマイナスエネルギーが出る

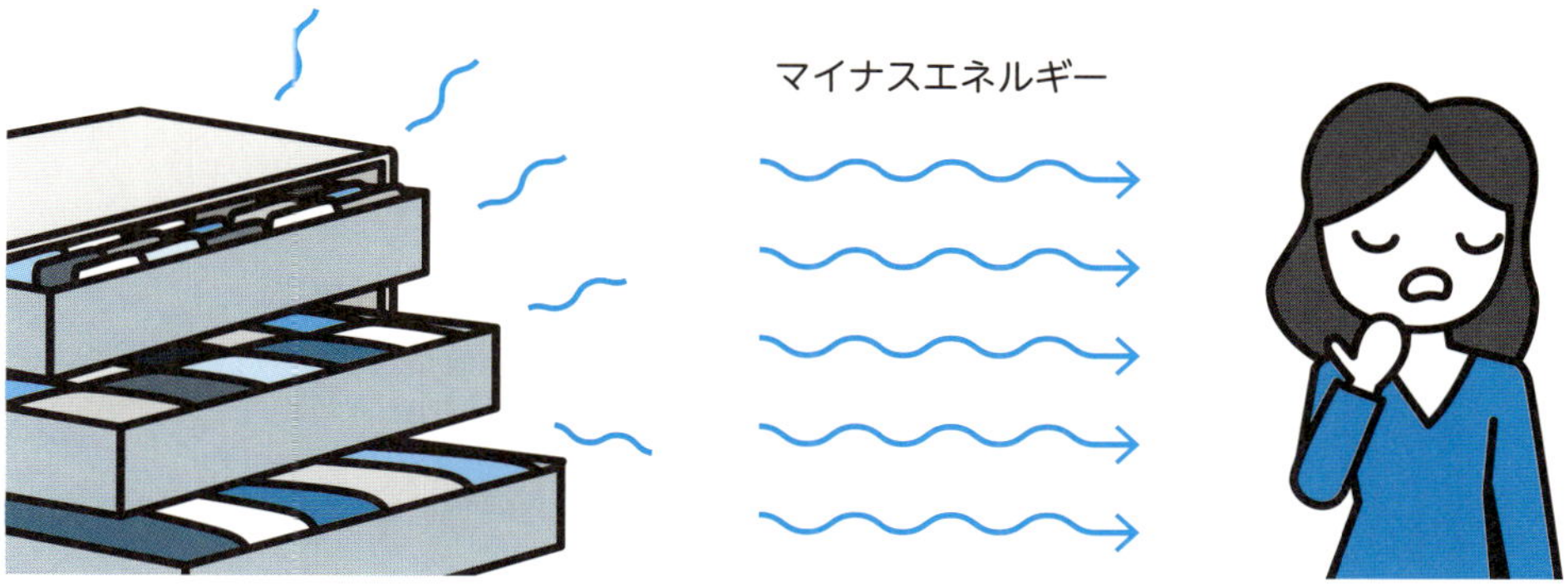

いらないモノは捨てる

誰かにあげる

お金持ちの部屋はスッキリ！

Point

いらないモノ、不要なモノはどんどん捨てよう

26 リーダーは、威張ってはいけない。なめられてもいけない

エネルギーを奪い合う職場になっていないか

働く人にとって、職場は家庭の次に、人によっては家庭以上に過ごす時間が長い場所です。

その場所がエネルギーを奪い合うようなところだと、疲れるばかりではなく、人生の大切な時間を浪費してしまうことになります。

それにそんな会社は、今は業績が良かったとしても長続きしません。

長期間にわたって業績が良い会社は必ずといってもいいくらい、職場の雰囲気が良く、人間関係がうまくいっています。

良い職場とは、エネルギーを与え合える職場です。

お互いがエネルギーを与え合っているので、人間関係がすごくいいのです。

特に大事なのは、**会社の上下関係です。**

では、エネルギーを与え合える会社の上下関係がどういうものかを、具体的に見てみましょう。

威張っちゃいけない、なめられちゃいけない

まずは社長と上司です。

社長の基本は「威張っちゃいけない」です。

「社長は会社で一番偉いんだから、社員は社長の機嫌をとって当たり前」と思うかもしれませんが、それではいけません。

上司も同じです。

得意先や社長から威張られ、エネルギーを奪われた分を部下から取り戻そうとすれば、そこからは必ず「負の連鎖《れんさ》」が生まれます。

会社では、偉くなればなるほど、自分の機嫌は自分でとらないといけません。

「偉くなればなるほど、わがままが言える」と思っているのは、大間違いです。

ただ、「威張ってはいけない」けれど、「なめられてもいけない」のが社長であり、上司です。

社員や部下になめられていると仕事になりませんし、会社としての士気も上がりません。

だからやはり、上に立つ者はそれに見合った威厳が必要です。

偉くなればなるほど、それだけ影響力が強くなります。

だから、それに見合ったエネルギーを与えられる人にならなければいけないのです。

怒りに任せて叱るのではなく愛をもって叱る

よく、怒ることによって威厳を保とうとする社長や上司がいますが、これはいけません。

社員や部下が間違ったときに、その間違いを指導することは大切ですが、怒りに任せて叱《しか》るのはよくないのです。

間違いを指摘するだけではなく、ときには叱ることも必要ですが、大切なのはそこに**"愛"というエネルギーがあるかどうかなのです。**

「成長してほしい」「学んでほしい」「良くなってほしい」という愛を込めて叱るのであれば、それは必ず部下にも伝わります。

天が味方する「引き寄せの法則」26

偉くなればなるほど、威張ってはいけない。なめられてもいけない。愛をもって部下と接すること

リーダーは威張っちゃダメ、なめられてもダメ

威張らないこと

なめられないこと

怒るのではなく叱る

Point

叱るときは、「愛」というエネルギーを注ごう

27 〝笑顔〟と〝うなずき〟だけで今日からあなたも愛され社員

社員たるもの、社長の機嫌ぐらいとれなくてどうする

次に社員・部下です。

先に、「社長は社員に機嫌をとらせてはいけない」と言いました。

矛盾すると思われるかもしれませんが、社員にとって、給料を払ってくれるのは社長です。

社員は社長の機嫌ぐらいとれないとダメです。

「お客様が商品を買ってくれるからだ」という意見もありますが、お客様が商品を買ってくれなくても給料を払うのが社長です。

だから、**社員にとっての一番のお客様は社長なのです。**

働く場を提供してくれて、給料を払ってくれて、会社としての対外的な責任のすべてを負ってくれる社長の機嫌の1つもとれないで、「働いた分の給料をもらうのは当然の権利」なんて言うのは、あまりにも感謝が足りません。

愛され社員になるために大切なこと

社員にとって大切なのは**「愛されること」です。**

そのためにはまず、**聞き上手になりましょう。**

〝笑顔〟と〝うなずき〟は愛され社員の最大の武器です。

いつも笑顔でうなずいて聞いてくれる人を、大切にしない人はいません。

やはり、社長や上司とのコミュニケーションのうまい人は必ず出世します。

多少、社長や上司の機嫌が悪かったとしても、そんなときは「社長（上司）も大変だな」と思って、そっと聞き流してあげるのが社員の愛です。

このように、**いい会社、いい職場とは社長と社員の全員が、それぞれの立場に応じた〝愛〟というエネルギーを、お互いに発揮し合えるところだと思うのです。**

このような〝場〟にはよいエネルギーが流れ、良いお客様を呼び込みます。

逆に〝場〟が悪いとエネルギーも悪くなり、良いお客様を遠ざけ、その悪い場に応じた人を引き寄せます。

そうならないためにも、社長も社員もともにいいエネルギーを出し合い、いい場をつくるように心掛ける必要があるのです。

会社の良好な人間関係が、いい商品をつくる

いい商品をつくるためにも、いいサービスを提供するためにも、人のエネルギーが必要です。

そのエネルギーは社員一人ひとりの能力に関わります。会社の人間関係・上下関係が良ければ、そのエネルギーを何倍にも大きくできますし、逆に悪ければ良さが発揮されなくなってしまうのです。

人生のかなりの時間を過ごす職場だからこそ、社長も上司も部下もお互いに協力し合い、愛と信頼をもって、関わりあっていきたいものですね。

天が味方する「引き寄せの法則」27

会社にいいエネルギーを流すのは社長でも上司でもなくあなた自身

愛され社員は出世する

愛され社員は聞き上手

笑顔で聞く　　**うなずきながら聞く**

上司の機嫌が悪いときは……

なんで
そんなことが
できないんだ!!
上司も
大変だなぁ…

Point

会社の人間関係が良ければエネルギーは何倍にもなる

斎藤一人さんからの、この本だけの特別コラム①

これから成功する人はこういう人

これから成功する人っていうのはね、「私は女だから」とか、「私は男だから」という生き方ではなくて、男の人でも女性性をもっていたり、女の人でも男性性をもっていたりという、両方の性を自分の中にもっているバランスのとれた人なんだよ。

なぜかというと、これからは魂の時代が来るからね。

魂力のある人が成功する時代が来るんだよ。魂ってね、性別がないんだよね。観音様も性別がないでしょ。両方の性がバランスよく入っているんだよ。

だから、これからの時代で成功する人はこのバランスがとれている人なんだよ。

男性性の特徴は、猪突猛進型で、パワーを一か所に集めて出すことに長《た》けているんだよね。つまり「いくさ」とかに向いているようにできてるんだよね。

逆に女性性っていうのは“ほわん”とした柔らかい感じで、子供を産んだり、いろんなものを生み出す力が強くできてるの。

卑弥呼《ひみこ》の時代って、生み出す力が強いから、豊作が続いて戦いもなかったんだよね。男性性だけで物事を進めていくと、争いごとが多くて大変なんだよ。

だから男性は自分の中に女性性をもっていたほうがいいの。そして物事を生み出す力が足された男性って素敵だよね。

今は、女性でも職場に出て働くし、男性でも家庭に入っていくし、ってそんなのが、当たり前になりつつあるんだよね。

そして女性が会社に行くと出世しちゃったり、女房が出かけてれば皿ぐらい洗うよ、というご主人とか、両方の性質をもってる人が増えてるんだよ。

これからそういう人たちがどんどん増えて、そういう子たちが生まれてくる時代になるの。

だからその生き方をいち早くしている人が成功する人になるんだよね。

「俺は男だ」じゃなくて「俺は男だけど、女性的なやさしさももっている」とか「私は女だけど、男性的なパワーをもっている」っていう時代がどんどん現実になってるよね。

第4章

天が味方する「いつまでも健康で若々しい人の法則」

28 自分の体に感謝する

エネルギーは健康な体あってこそ

どれだけ自分のエネルギーを高めても、どれだけ相手のエネルギーをもらっても、そのエネルギーが体から抜けていったらなんの意味もありません。

それはまさに、穴の開いたバケツに水をためるようなものです。

入れても入れても、どんどん穴から水が抜けでてしまいます。

人の体でいえば、それは〝病気〟です。体が〝病《や》む〟ことでエネルギーである〝気〟が抜けていくのです。

実は私も、先日それをイヤというほど感じました。

引っ越しの際に無理をして、肩を痛めてしまったのです。

痛みがあると、どれだけ自分の圧を上げても、どれだけ楽しいことを考えても、体からエネルギーが抜けていきます。

そのときは「健康な体あってのエネルギーなんだな」と、つくづく感じました。

病気はあなたの生活習慣が間違っていることのサイン

病気になるということは、必ずその原因があります。

それは偏《かたよ》った食生活が原因かもしれませんし、仕事や日常生活での無理が原因かもしれません。あるいは、もっと深いところにその原因があるかもしれません。

原因は様々ですが、**病気とは生活習慣や心のあり方などの〝間違い〟を結果として、「それ、間違っていますよ」と知らせてくれているのです。**

だからその原因となる〝間違い〟を正していく必要があります。

また、加齢による衰えも否めません。

年齢とともに筋肉の量が減って、それに合わせて基礎代謝も悪くなり、太りやすい体になります。そこから様々な病気に発展していくこともあります。

また更年期障害など、加齢に伴う病気は避けがたいものがあるのです。

だからといって、なにもしないのではいけません。努力すれば、いつまでも若々しく過ごすことができます。

そのためには、日々の生活を見直す必要があります。

食生活を見直し、食事で得られない栄養はサプリメントで補ったり、毎日の運動を心掛けることで、体は必ずそれに応えてくれます。

私たちの体はとてもがんばり屋さんです。

特に心臓や内臓は24時間、休むことなく私たちのために働いてくれています。

どれだけ負担をかけても文句も言わず、我慢してくれているのです。

でもやはり、我慢にも限界があります。その限界が病気となって現れるのです。

私たちは自分の体に感謝するとともに、自分の体に耳を傾ける必要があります。

体の声を聴き、体が喜ぶことをしてあげるのです。そうやって、日々の生活習慣を常に見直して、神様からいただいたこの体を大切に使うように心がけましょう。

天が味方する「引き寄せの法則」28

自分の体に感謝して、自分の体がよろこぶことをしてあげよう

エネルギーがぬけない体をつくる

せっかくのエネルギーが病気で抜けてしまうことも…

日々の生活を見直そう

食事のバランスをとる

運動をする

Point

日々、自分の体に耳を傾け、体に感謝する

29 一人さんはなぜいつまでも若々しく老けないのか？

秘訣は「自分の実年齢を思い出さないこと」

加齢による衰えは否めないと言いましたが、人はいつまでも若々しく生きることができます。そのお手本が一人さんなんです。

一人さんはいつでもとにかく若々しく、40年前と変わらずカッコいいのです。

そんな一人さんに若さの秘訣《ひけつ》を聞くと、こう答えてくれました。

「それはまず、**毎日を楽しく過ごすこと。楽しく過ごしていると1年があっという間に過ぎちゃうけど、1年が半年ぐらいの感覚で過ぎたとしたら、その人は1年で半年分しか歳《とし》をとってないんです。**

逆に、『苦労すると老ける』っていわれてるけど、つらいときって時間も長く感じられるの。

それで、人って毎日をつらいとか、苦しいとか思いながら過ごしていると、1年でもガクンと老けるんです。

そこで若さの秘訣はなんですかっていうと、**〝自分の実際の年齢を思い出さない〟ことなの。**

特に歳をとると、『もう歳だから……』とかって、脳ができない理由を探してサボろうとするんだよね。

でも、『自分は若い！』って思っていると『あれもできる。これもできる』って、脳が若い頃のことをなんでも記憶しているから、できることを探すんだよね。

それで私の場合は個人的に『自分の年齢を勝手に決める会』というのをやっていて、そこで自分は『27歳です』と言うように決めてるんです。

なぜ27歳かというと、それ以上若いとなんだかまだ未熟なような気がするし、それ以上の歳だと分別のあることを言わないといけないような気がしてイヤなの（笑）。

もちろん、健康診断のときとか、役所に書類を提出するときとか、そういうときは実際の年齢を書くけど、それ以外のときはずっと、『私は27歳です』って思ってるんです。

さらに最近では自分の年齢を、もっと分別なく楽しめる18歳にしました（笑）。それで、あとは毎日を楽しく過ごすの。そうすると老けないんです。

ウソだと思うなら、ぜひやってみて！」

年齢を「18歳」にしたら、私も若返った！

この話を聞いて、私も即、「自分の年齢を勝手に決める会」に入会しました！（笑）

そこで私は自分の年齢を18歳に決めたんです。なぜかというと、それが一人さんと出逢った歳だからです。「私は18歳」だと思うと、なんだかワクワクしてきます。

そのワクワクが脳に伝わり、「記憶の中の18歳の自分」と「現在の自分」のギャップを埋めようと、様々な〝引き寄せ現象〟が起こりました。

サミュエル・ウルマンの「青春」という詩の冒頭に、こうあります。

「青春とは人生のある期間をいうのではなく、心の様相をいうのだ」

人は心のもち方次第でいくらでも変われます。だから、私に〝老後〟はありません。一生、青春なのです。

天が味方する「引き寄せの法則」29

自分の年齢は自分で決めて、毎日を若々しく過ごそう

斎藤一人流「若さを保つ秘訣」

毎日を楽しく過ごすこと

毎日が楽しいと
1年が半年分くらいの
感覚になるの

実年齢を思い出さないこと

『自分は若い』と
思っていると
なんでも
できるようになるよ

『自分の年齢を勝手に決める会』とは？

『27歳です』と
言うように
決めてます
27歳より若いと
未熟な気がするから
それ以上だと
分別のあることを
言わないといけない
気がするから

でも
最近は『18歳』に
しました
毎日を楽しめるし、
老けないから

私も入会して
『18歳』にしました
そして様々な
引き寄せ現象が
起こりました

**「青春とは人生の
ある期間をいうのではなく、
心の様相をいうのだ」
（サミュエル・ウルマン）**

Point

心のもち方次第で、いつまでも若々しく楽しく生きられる

30 あなたのエネルギーを奪う体の〝冷え〟に注意!!

低体温のときにもっとも活発化するガン細胞

病気ではないけれど体の調子がよくなかったり、どこも悪いところはないけれど元気がないという人が増えています。

また、病院に行くほどではないけれど、腰痛や肩こり、便秘など、ちょっとした体の不調が慢性化している方も多いのではないでしょうか。

実は、これらの症状を訴える方の多くに共通していることがあります。

それは、**体の〝冷え〟です。**

個人差はありますが、健康な人の平熱は36・5度～37・1度です。だから、病的な自覚症状がなければ37度は微熱ではなく、健康な体温なのです。

これに対して、平熱が36度以下という「低体温」の人が、最近すごく増えています。

低体温は、放っておくと様々な病気を招く、とても危険な状態です。

たとえば、体温が1度下がると体の免疫力は30％も低くなるといわれています。

免疫力が下がるとバイ菌やウイルスから体を守れなくなったり、免疫の誤作動によって自分自身の免疫が自分の体組織を攻撃して、病気を引き起こします。

花粉症も免疫の誤作動です。

また、低体温は体内を酸化させ、老化スピードを促進させてしまいます。

さらに、健康な細胞は低体温だと新陳代謝が悪くなりますが、ガン細胞は逆に、35度台の低体温のときに、もっとも活発に増殖するのだそうです。

体の〝冷え〟が怖いこれだけの理由

低体温は身体だけではなく、精神にも悪影響を及ぼします。

低体温になると血液の循環が悪くなり、体の各臓器の栄養が不足します。

そうなると、脳内神経伝達物質の1つである「セロトニン」の生産がうまくできなくなってしまいます。

「セロトニン」とは、精神を安定させる作用をもつ物質で、これが不足することで精神のバランスが崩れてしまい、いわゆる〝うつ状態〟になってしまうのです。

このように、低体温は身体だけではなく、精神もむしばみます。

さらにいえば、冷えは腸内環境も悪くします。

腸は、体の中でもっとも大事な役割を担う臓器です。

食べ物の栄養を吸収し、体に害を及ぼすものを排出します。また、腸は体内で最大の免疫器官でもあります。

腸内環境が悪くなると血液が汚れ、様々な病気をつくりだす原因にもなるのです。

これでは、いくらいいエネルギーを入れたところで、穴の開いた入れ物に水を入れるようなものです。

入れても入れても、どんどんエネルギーが抜けてでてしまいます。

体の冷えはこれほど怖いことなのです。

天が味方する「引き寄せの法則」30

体の〝冷え〟があなたのエネルギーを奪っているかもしれない。注意しよう

体の冷えがあなたのエネルギーを奪う

最近多い低体温の人

健康な人の平熱は36.5 ~ 37.1度

↓

36度以下という「低体温」の人が増えている

↓

体温が１度下がると免疫力は30% DOWN

免疫力が下がると病気になりやすくなる

- 花粉症
- ガン
- うつ状態
- 腸内環境悪化
- 老化

Point

心と体に悪影響を及ぼす「低体温」に注意

31 ちょっとした風邪は、薬を控え自然治癒に……

ストレスから体温調整ができない体になった現代人

それではなぜ、これほどまでに低体温の人が増えてしまったのでしょうか。それは、便利で手軽な現代社会の落とし穴です。

まず、昔と比べて現代の人は動かなくなりました。移動には車や電車。行った先ではエレベーターにエスカレーター。さらには動く歩道まであります。

家庭内でも洗濯は全自動。

井戸や川に水を汲みに行くこともなく、蛇口をひねれば水もお湯も出ます。

動かなくなると基礎代謝も悪くなるので、体に脂肪がつきやすくなります。

脂肪は温まりにくく冷えやすい特徴があります。太るとさらに動くのがおっくうになって筋肉量が減り、そのせいで基礎代謝もさらに悪くなります。代謝が悪くなると体は冷えるので、それに対して体は冷えから自分を守ろうとして脂肪を蓄えようとするため、悪循環が生まれるのです。

また、快適な環境にも問題があります。

住宅や冷暖房機器の性能が上がり、夏は涼しく、冬は暖かく過ごすことができます。

でも本来、人間の体には体温を調整するための機能があります。

秋に食欲が増すのは、寒い冬に向けて脂肪をため込もうとする本能からです。

しかし現代は、どこでも冬は暖かく、夏は涼しく過ごせます。それどころか、夏はガンガンに冷房の効いた部屋にいて、冷たいものを飲んで体を冷やします。これでは体温調節機能がおかしくなります。

さらに現代社会は便利になった分、その代償として複雑になりました。人はより高度な技能が求められ、より多くの知識が求められます。さらに人間関係も複雑になりました。

こうしたことがストレスとなり、自律神経を狂わせて、体温調節ができない体になってしまうのです。

熱が出るのは体温を上げて体の菌をやっつけるため

また今の日本では、どこでも手軽に薬を手に入れることができるようになりました。

それはとても良いことなのですが、薬に頼りすぎるのは問題です。

たとえば、ちょっとした風邪で熱が出ても風邪薬に頼ります。風邪薬は風邪を治す成分が入っているのではありません。

症状である喉《のど》の炎症や咳《せき》、発熱を抑える成分が入っているのです。

本来、人間には「ホメオスタシス」という自己恒常性機能があって、病気を勝手に治してくれます。

風邪をひいて熱が出るのは、体温を上げて免疫力を高め、体の中の悪い菌をやっつけるためです。

さらにいえば、このときにガン細胞なども一緒にやっつけてくれます。

だから、ちょっとした風邪のときは解熱作用のある風邪薬を控え、体を温めながら、しっかり汗をかいた方がよいのです。

もちろん、インフルエンザのような高熱が続く病気のときは医師に相談し、必要に応じて薬を飲むことも大切です。

天が味方する「引き寄せの法則」31

風邪のときは体を温めながら、しっかり汗をかいて悪い菌をやっつけよう

現代人は低体温になってしまいがち

現代人は体を動かさなくていいから

5

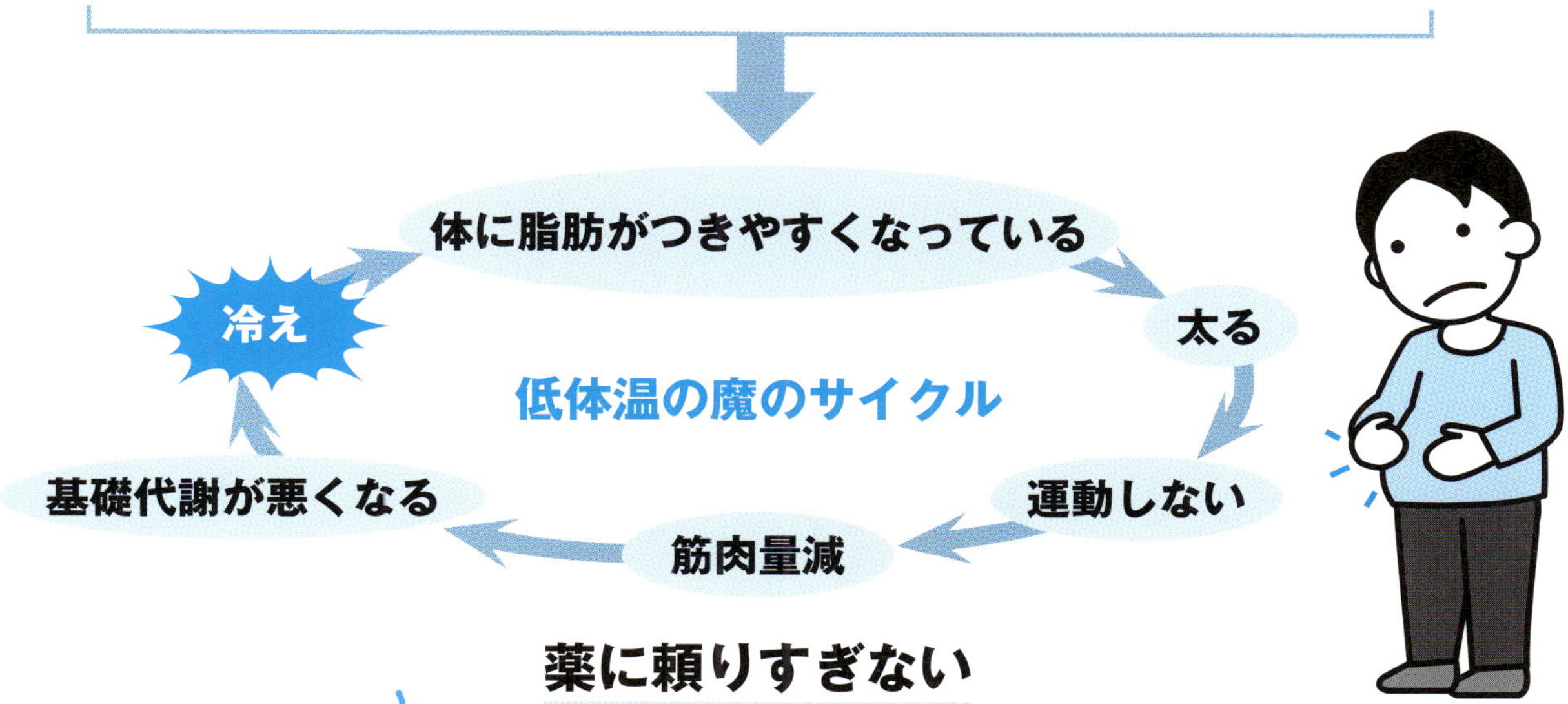
体に脂肪がつきやすくなっている
太る
運動しない
筋肉量減
基礎代謝が悪くなる
冷え
低体温の魔のサイクル

薬に頼りすぎない

かぜ
薬

ちょっとした風邪のときは
薬を控えて
自然治癒に……

Point

風邪をひいて熱が出たときは体を温め汗をかこう

32 いつまでも健康でいるために大切なのは、体を冷やさず温めること

大金持ちの一人さんにとって一番の資産とは?

ある方が一人さんにこんな質問をしました。

「一人さんにとっての資産とはなんですか?」

大金持ちの一人さんがいったい、どんな資産をあげるのか、その答えを期待していると一人さんは即答しました。

「自分だよ」

私はビックリするとともに、その通りだ! と思いました。続いて話してくれた解説に、また納得です。

「だって、何百億円も生み出しちゃう体でしょ? これが。なにがあったってこの体があれば、何回でも立ち直れるんだよね。それ以上の財産ってないよね」

これは一人さんだけではなく、私も、そしてあなたにも当てはまることですよね。

私たちの体は最大の資産です。体の健康あってのしあわせであり、成功なのです。

会社も健全な運営ができないとつぶれてしまいます。

車もガソリンを入れるところに灯油を入れるとか、間違った扱い方をしたらこわれてしまいますし、定期的な点検も必要です。

それと同じで、自分の体もしっかり手入れして健康を保たなくてはいけません。

人によって好きなこと、やりたいことは違いますが、どんなことをするのでも、基本になるのは体です。**健康だからこそ、やりたいことができるのです。**

だからもっと、私たちは自分の健康に積極的に関わった方がよいのではないでしょうか。

自分を愛すること、自分を大切にすることとは、そういうことでもあるのです。

体を温める食べ物を選んで食べよう

体が健康であるために一番大切なのは、**体を冷やさないこと、温めることです。**

そのためには先にあげたように、食事などの生活習慣を改める必要があります。

運動をして筋力をつけ、基礎代謝を上げることも重要なのですが、体が冷えている状態で無理に運動すると、体を痛めてしまう可能性があります。

かくいう私もスポーツジムで無理をしてしまい、膝を痛めてしまったことがあります。

私の経験的には、まず食べ物を変えていくのが一番効果的だと思います。

食べ物を変えて体質を変え、徐々に体を動かしていくのがいいでしょう。左の頁に体を温める食品をまとめました。

野菜なら根菜類(玉ねぎ、レンコン、ごぼうなど)、生姜《しょうが》、ネギ、ニンニク。果物ならりんご、ぶどう、みかん、桃。ごまや唐辛子、ピーナッツやあずき、卵やチーズも体を温める食品です。

また、調味料を使う場合は精製された白砂糖や精製塩、化学調味料のたぐいはなるべく使わず、天然の塩や黒砂糖を使いましょう。

以上のことに気をつけて、さらに一人さんがつくってくれたサプリのおかげで私はとても元気です。先日も健康診断で「体年齢」が実年齢よりも20歳若いと診断されました!

天が味方する「引き寄せの法則」32

一番の資産は自分の体。だから大切に扱おう

一人さんにとっての資産って何？

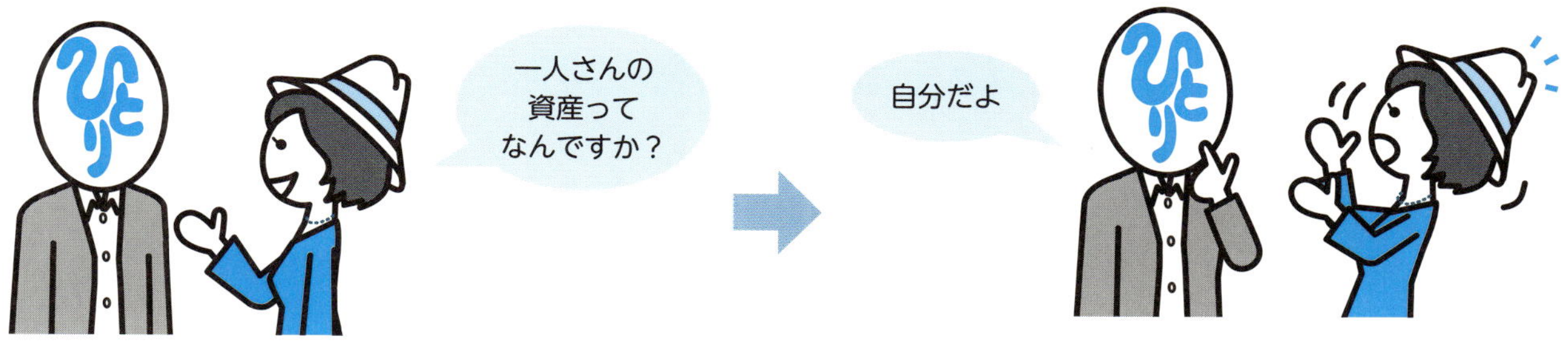
一人さんの
資産って
なんですか？
自分だよ

何百億円も
生み出しちゃう
体でしょ？
この体があれば
何回でも
立ち直れるんだよね

私たちの最大の資産は「体の健康」

体を温める食べ物

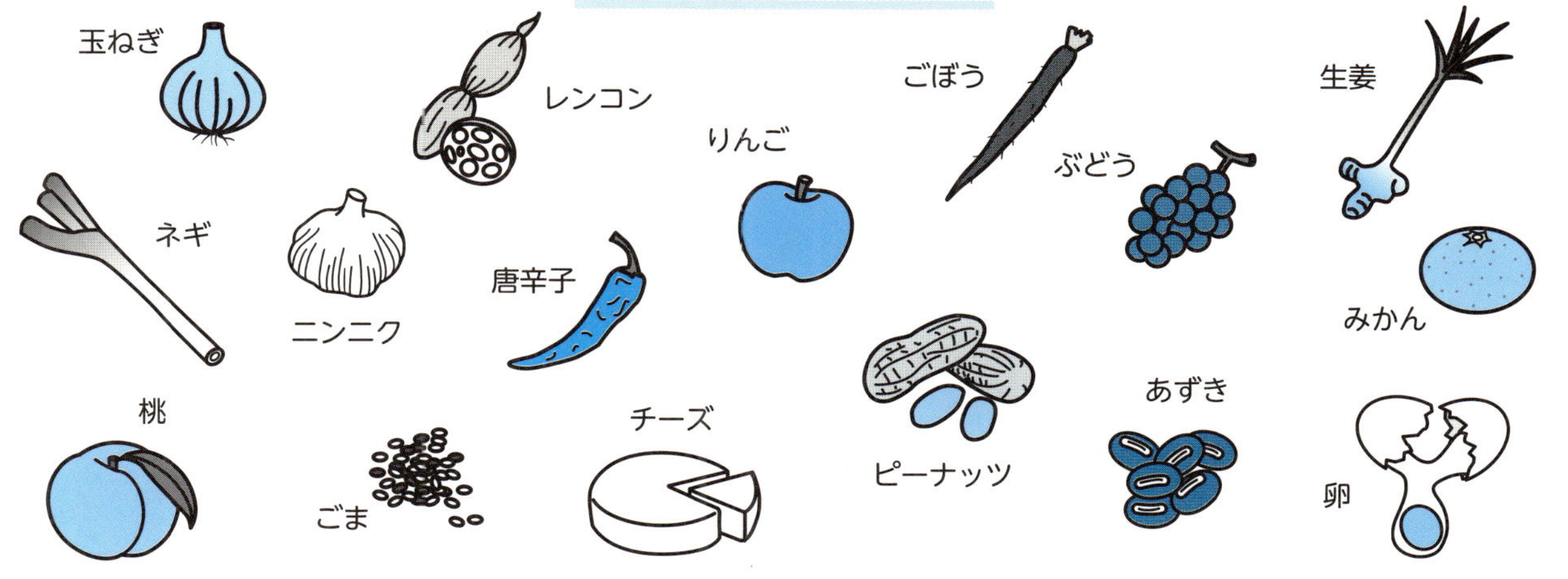
玉ねぎ
レンコン
りんご
ごぼう
生姜
ネギ
ニンニク
唐辛子
ぶどう
みかん
桃
ごま
チーズ
ピーナッツ
あずき
卵

Point

体を温めて、自分の体をきちんとメンテナンスしよう

33 いつも楽しいことを考えていると、体も喜んで元気になる

“楽しい”と体が温まり免疫力も上がる

この本の中では何度も“楽しい”ことが大事だと書いてきました。“楽しい”は最高のエネルギーを生み出し、それがしあわせに、そして成功にもつながります。

そして“楽しい”は健康にもいいのです。人は楽しいと感じているとき、脳内ホルモン（神経伝達物質）であるドーパミンが分泌されます。

すると、よろこびを感じたり、記憶力ややる気も増します。さらに、**血液の循環も良くなって体が温まり、免疫力も上がるのです。**

逆に、心の中に“楽しい”がないと、不安や恐れ、心配といった、ネガティブな感情が起こります。

人が恐れを感じているときは、ノルアドレナリンという脳内ホルモンが分泌されます。するると、血液の循環が悪くなり、体が冷えます。怖いものを見たときに顔が青ざめたり、ブルブルと震えるのはこのためです。

だから私たちは探してでも、つねに楽しいことを考えるクセをつけないといけないのです。

自分がなにをやれば楽しめるのかをつねに考え、それを習慣にすることで、本当の自分が見えてきます。

とにかく、趣味でもなんでもいいから楽しいと思える時間を増やす。そして、自分で“楽しい”のスイッチを入れる。

そうすれば、そのためにも仕事をもっとがんばろうと思えるようになります。

楽しい気持ちで仕事をしていたら仕事も楽しくなりますし、楽しい人のもとには楽しい人が集まるし、楽しい出来事も引き寄せて、ますます楽しくなるのです。

なにかが「楽しい」のは、難しいことができるようになるから

「楽しいことがなかなか見つからないんです」と言う人がいます。

こういう人は、最初からラクなことだけを求めているのかもしれません。

なかなかうまくいかないような難しいことや困難なことにチャレンジし、うまくいったときのよろこびや楽しさはひとしおです。

逆にいえば、最初から楽しいものは、本当の楽しさではないのかもしれません。

たとえば釣りでも、だれにでも簡単に釣れたらあまりおもしろみはありません。

エサや仕掛けを工夫し、釣れるポイントを探してひたすら魚が食いつくのを待つ。

ときにはまったく食いつかないこともあれば、食いついてもタイミングを間違えれば逃げられるし、知らない間にエサだけ取られているときもあります。

そんな、あらゆる困難を乗り越えて目的の魚を釣り上げたときは、それまでの苦労を吹き飛ばしてお釣りが来るぐらいのよろこびを味わうことができるのです。

釣りに限らず、趣味というのはやればやるほど奥が深く、だんだん難しくなるけれど、それを乗り越えたときのよろこびはなにものにも代え難いものがありますよね。

趣味だけではなく、何事にもチャレンジするよろこびや楽しさを見つけられたら、それに勝るものはありません。

天が味方する「引き寄せの法則」33

最初からラクなことを求めるのではなく、チャレンジするよろこびや楽しさを知る

楽しさが心も体も健康にする

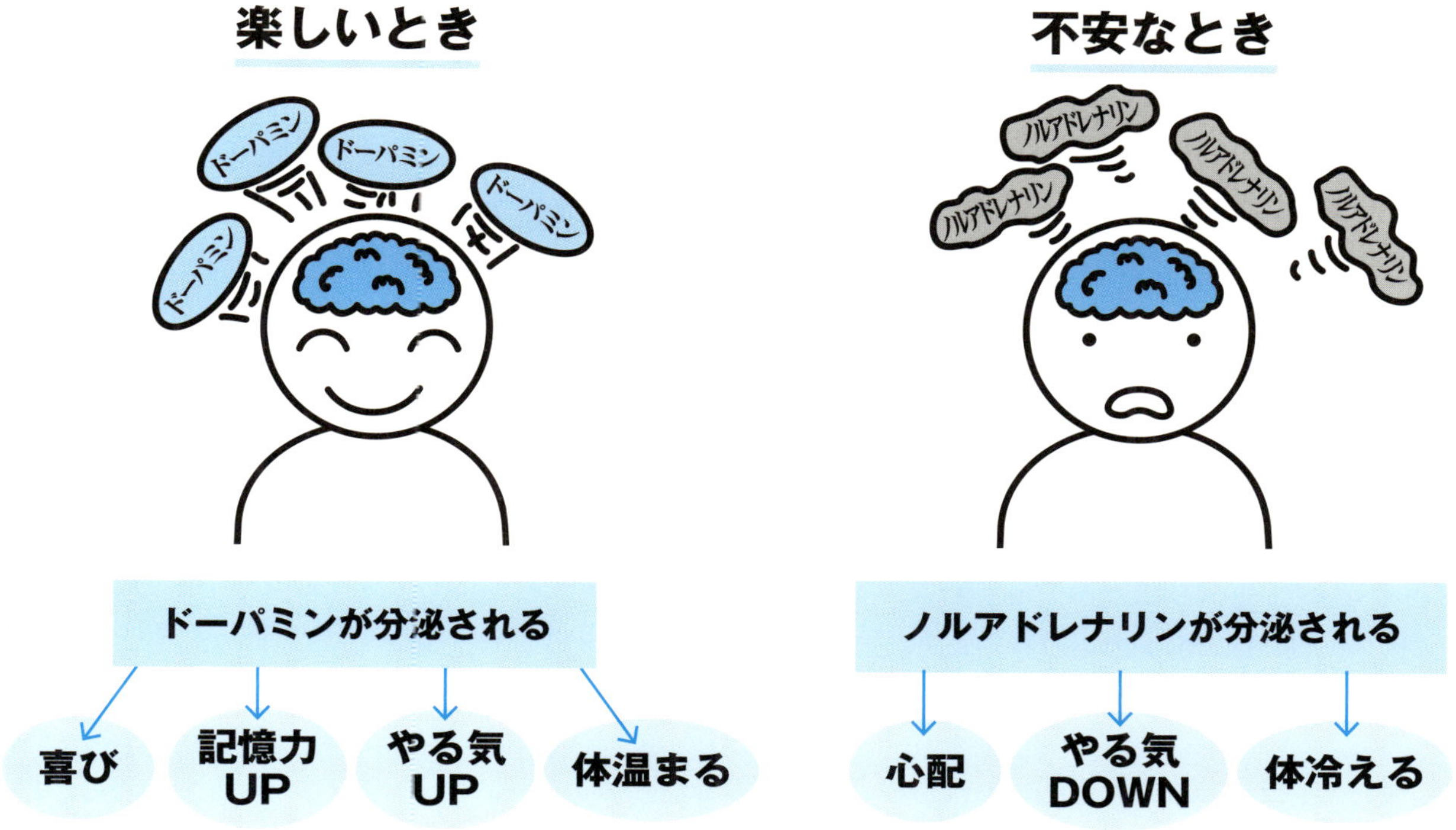

「難しい」を克服するから「楽しい」

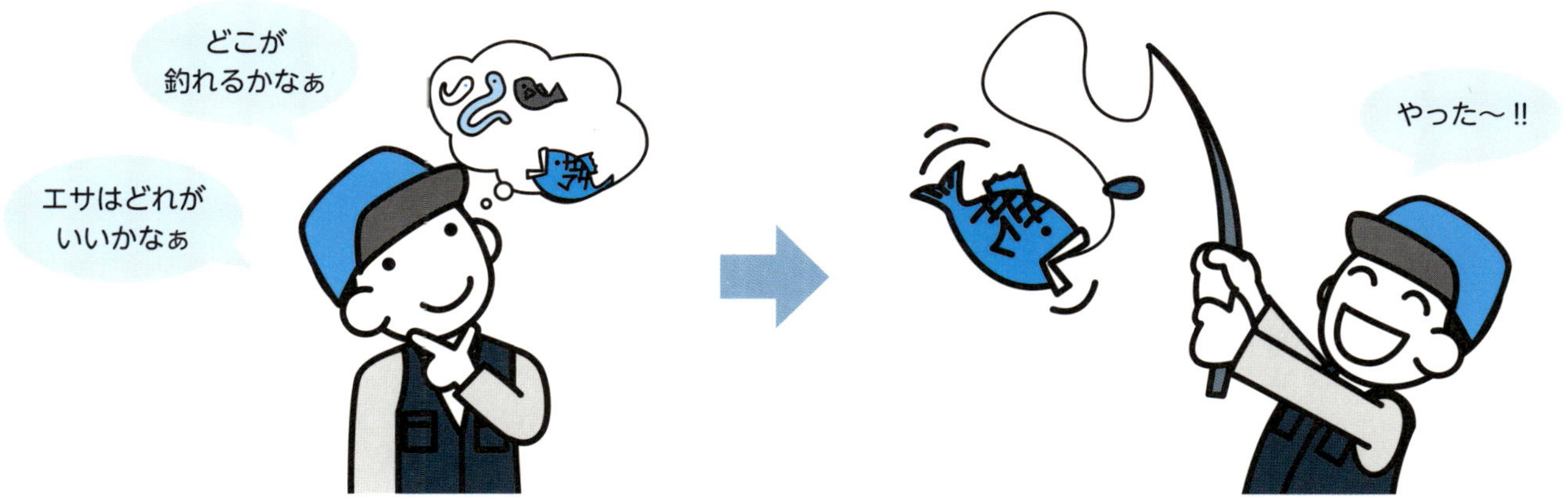

Point

困難を乗り越えたときの楽しさは最高のもの

34

「笑顔を鍛える」と、心も体も楽しくなる

ファッションは自分の心が明るくなり楽しくなるもので、かつ相手の気持ちも明るく、楽しくさせるものを選びましょう。

外見で最も重要なのは「笑顔」

ファッションも大切ですが、それよりもっと外面的に重要なことがあります。

それは〝笑顔〟です。

どれだけ相手のことを想っていても、顔が怒っていたら気持ちは通じませんよね。

それに、**笑顔は〝タダ〟です！**

笑顔にしているだけで自分の気持ちは楽しくなりますし、相手の心も楽しくさせます。

笑顔ほど、〝やり得（徳）〟なものはありません。

普段からブスッとしていると、笑顔をつくるための筋肉が衰えて、いざというときにステキな笑顔ができなくなってしまいます。

だから、普段から鏡を見ながら自分の笑顔を鍛えることも必要です。

そうやってあなたの内面と外面の両方が伴ったとき、あなたの真の魅力が発揮されるのです。

人は見た目が100％

「人は見かけではなく、中身が大切だ」と言います。それ自体は間違いではありません。

でも、中身が大切なら、それと同じくらい外身も大切にしてほしいのです。

どれだけ美味しいお饅頭《まんじゅう》も、ボロボロの包装紙に入れられていたら売れません。

それと同じで、中身がいいからこそ、見た目をもっと大事にしなければならないのです。

見た目も中身も良くすることを楽しめれば、それだけで人生が何倍もうまくいきますよ。

どんなに心がキレイでも……

エネルギーあふれる体をつくるためには、内面的な健康が大切なのは言うまでもありません。

でも、その内面的なことを活かすためには、外面的なことも大事です。

楽しさというのも、ただ自分だけが楽しいという内面的な楽しさだけではなく、外面的に相手から見ても楽しいということが必要なのです。

大切なのは、**相手からどう見えるかということです。**

だから、服を着るなら暗い色より明るい色を身につけましょう。

その方が自分も明るく見せられますし、その服を見る相手の心も明るくできます。

それと、値段は安くてもいいので、どうせなら高そうに見える服を選びましょう。

ブランド物をもつのも、1つの選択です。ブランド物には、人を魅了するエネルギーがあります。

ルイ・ヴィトンやシャネルのバッグをもっているだけで、その人の印象も変わってくるのです。

天が味方する「引き寄せの法則」34

見た目と笑顔で引き寄せ力をアップさせる

人は見た目が10割

ファッションは自分と相手の心を明るくする

笑顔をつくる練習をしよう

あなたならどっちを買う？

Point

中身がいい人ほど見た目を磨こう

斎藤一人さんからの、この本だけの特別コラム②

ワクワクエネルギーで強力な引き寄せが始まる

人間っていうのはね、ワクワクしてなにかをやると成功するようになってるんだよね。

なぜってワクワクするのは“神様がいい方に誘導してくれている証拠”なの。だから、ワクワクすることをやるとなぜかうまくいくんだよね。

それで、ワクワクすることって、楽しいこととか色々あるけど、実は人間って自分の心が「思いやりでいっぱいになって、だれかの役に立ちたいっていう奉仕の心」になると、すごく心がワクワクするようにできてるの。

それって「上気元」な状態っていうことだよね。

すると、いいことが引き寄せられてくるスピードも速くなってくるんだよね。

そして一番引き寄せが強くなる方法があるんです。

それが**“陰徳”といって、人が見ていないところで徳を積む方法なんですが、これが神様に一番喜ばれる方法なんです。**

人のしあわせを願ってそのために祈ったりするのは、一番の陰徳なんだよね。

今、全国の「銀座まるかん」のお店で「愛のハンドヒーリング」というのをやっているんです。

そのハンドヒーリングはカードを手に置いて「大丈夫」という言葉を唱えて、自分に対して、目の前の人に対して、また遠くの人に対して愛のパワーを送っていくんです。それもボランティアでやってるんだよね。

この愛のハンドヒーラーさんが、今ものすごく増えているんです。

一度でも体験してもらえれば、このすごさはよくわかるんだけど、やってもらった人にもすごくいいことがあるけど、やった方にもすごくいいことがあるの。それがズバリ、究極の「ワクワク」です。

他人のしあわせを願ってハンドヒーリングをしていると、自分自身もエネルギーに包まれて、さらにワクワクしてくるので、やればやるほど満たされるんです。

ハンドヒーラーにならなくても、ハンドヒーラーになっている人に頼めば無料でやってくれるから、一度、やってもらうといいですよ。

そうすると「ワクワクのエネルギー」がどんなものかがわかるから。

【「愛のボランティアハンドヒーリング」についてのお問い合わせ】
フリーダイヤル：0120-497-285

特別メッセージ

人の相談に乗るときに知っておいてほしい話

斎藤一人

35 人生は必ず〝なんとかなる〟

「どんな問題も最善の方法でいい方向にいくの」

この世の中で起きるすべての問題には、その内容の困難さや出来事の大小にかかわらず、共通していることがあります。

それは、**必ず最後には〝なんとかなる〟か〝どうにかなる〟。**

たとえばカンタンな例でいうと、「この本はこの人の役に立つな」と思って勧めても、一所懸命に読んでくれる人もいれば、まったく読もうとしない人もいる。それで、一所懸命に読んでくれる人はそこから学びを得て、問題を解決できる人なんです。

そしてまったく読もうとしない人は、読まなくてもどうにかなる人。だから両方とも〝なんとかなる〟か〝どうにかなる〟。これが基準です。

この世でなんとかできるのは、自分のことだけなんです。

だから、自分のことは自分でなんとかするの。

他人《ひと》のことはどうにもならないんだよ。それで、他人はどうにもならないかというと、なんとかなる。

「この人たち、放っておくと大変なことになっちゃうんじゃないか」っていうような人でも、見てるとそうならないの。

たとえば、まったく経済観念がない経営者がいて、「この人、大丈夫かな?」って思うけど、そういう人は経営者に向かないの。

だからしばらくすると、その会社はなくなって、その経営者は働きに出ることになったりしてるんだよね。

物事って、一番いいかたちに流れていくようになっているんだよ。

多くの人は「商売が続くことがいい」という固定観念があるんだけど、商売に向かない人が商売を続けていてもしようがないんだよ。

だから経営者に向かない人が商売をしていると、自然とお店がなくなって勤めにいくことになっているの。

そういう人は、経営者には向かないかもしれないけど、勤め人ならなんとかなって、お給料もらって生活できたりするんだよね。

だから、人は必ずなんとかなる。

この世の中は必ず〝なんとかなる〟か〝どうにかなる〟ということを知らないと、勝手に思い詰めて自殺しちゃう人が出ちゃうの。

でも自殺しても魂は死なないから、また学び直すために生まれ変わってくるだけなの。

だから、たとえ死んだとしてもなんとかなるんです。

〝なんとかなる〟ということを基準にして見てないときりがないからね。

自分の悩みを解決できたとしても、世の中には悩んでいる人は山ほどいるから。

でも、人は悩んでるんじゃなくて、学んでるの。

その人にとって必要なことを、その出来事を通じて学んでるんです。

そして**どんな問題も、その人にとって最善の方法で、自然の流れでいい方にいくの。**

それを「自分が決めて始めたことなんだから、途中であきらめたらダメだ!」とかって、自分の価値観を相手に押し付ける人がいるんだよね。

スポーツで全国大会に出るような人は、出た方がいいから出られるの。

逆に、出られない人は出ない方がいいんだよ。

世の中というのは、「必ずなんとかなるんだ」という目で見てないと、苦労が絶えないからね。

自分のことは自分でなんとかするの。

そして、他人のことは「なんとかなる」と思って見てないとダメなんです。

この世のすべては「なんとかなる」

読んでも読まなくてもどうにかなる

物事は一番いいかたちに流れていく

Point

他人の悩みも「なんとかなる」と思って聞く

36 人の言うことを聞かない人は聞かなくていいんです

「人の言うことを聞く人も聞かない人も神様は見守っているからね」

人からいろんなことを教えてもらっても、聞いてばかりでなにもしない人がいます。

よく「そういう人はゆるせません」っていう人がいるんだけど、でも私に言わせると、そういう人って今世では、とりあえず聞いてるだけで十分。

そういう人ってもしかしたら、前世では人の話をまったく聞かなかったのかもしれないの。

それが今世では人の話を聞くことができたんだから。

来世になったらそのことを活かせるようになるかもしれない。

だから今世は聞いてるだけで十分なの。

中には聞いてすぐに実行できる人もいるの。

聞いてすぐに実行できる人は、それだけ学びが早いということ。

だから学ぶのが速いか遅いかの問題だけで、必ず最後にはなんとかなる。

すべてはうまくいくようになっているの。

それに、人の言うことを聞く人も聞かない人も、ともに神様は見守ってくれているからね。

それで、その人にとって最適な学ぶ機会を与えてくれているの。

「言うことを聞かない人はその人の〝さだめ〟なんです」

こういうふうに考えるのが、結局、自分にとっても、相手にとっても一番いいの。

人の相談を聞くたびに「どうにかしよう」「なんとかしよう」とか思うと、自分にストレスがかかって、自分まで悩み出しちゃうからね。

そうなると、相手も助からない上にあなたにもストレスがかかって大変なだけ。

だから「言うことを聞かない人が出てきたらどうすればいいんですか?」っていうと、そういう人は言うことを聞かない方がいいの。

人の言うことを聞かないとどうなるかを、身をもって試しているの。

そして、そこから学ぼうとしてるんです。

とにかく人は、〝どうにかなる〟か〝なんとかなる〟。

言うことを聞かない人は、そういう〝さだめ〟なんです。

聞いてもやらないという〝さだめ〟の中で、一所懸命に学んでるんだよね。

あの「とんち」で有名な一休さんが、死ぬ前に、残されたお寺の人たちに「よくよく困ったらこのふたを開けなさい」と言って、1つの箱を手渡しました。

その後、大変なことが起こったときに、お寺の人がその箱のふたを開けてみたら、中には1枚の紙切れが入っていました。

そしてそこには「どうにかなる」って書いてあったんです。

世の中、必ずなんとかなる。

それはいい加減で言ってるのではありません。

なんとかなるように、この世はできてるんです。それが神の摂理なんです。

だから「この人、このまま放っておくと大変なことになっちゃう」と思う人がいても、必ずどうにかなるんだよ。

そういったことを前提にして人の話を聞かないと、聞いた人が他人の重荷を背負っちゃうからね。

他人の悩みを背負わない

人の悩みを「なんとかしよう」と思わない

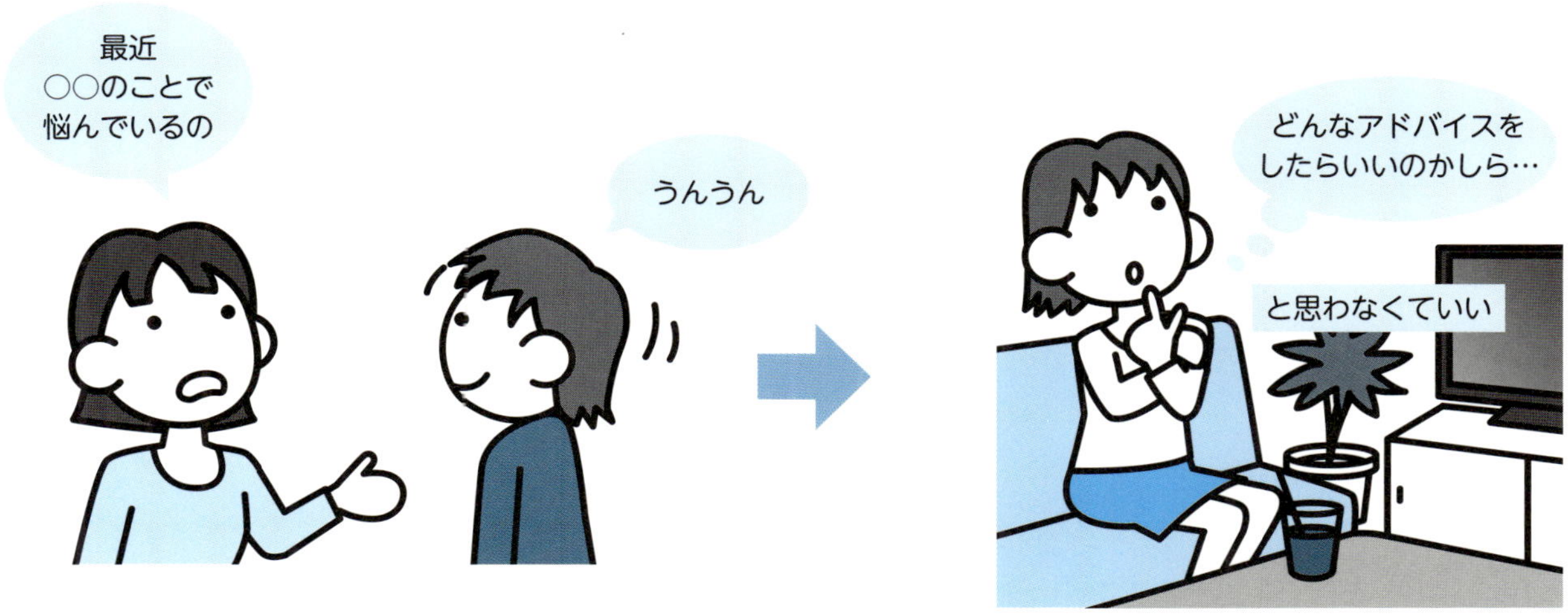

一休さんの教え

Point

世の中、必ずなんとかなるからそのままでいい

37 相手の問題はすべて解決してあげようとしなくていい

なぜ人生がうまくいかない人がいるのか？

人の相談にのるのって、ある意味ボランティアみたいなものなの。

だって、みんな無償で話を聞いて、アドバイスをしてくれるんだよね。

だからといって、相談する人はそのことに甘えてはいけないよ。

してもらったアドバイスを聞いて実践して、「よくなりました。ありがとうございます」って言うならわかるけど、毎回、同じような悩みを相手にぶつけて、それでアドバイスを全然聞かない。

それって自分は悩んでるのかもしれないけど、相談相手には迷惑をかけてるのと一緒なの。

そのぐらいのことに気がつかないから人生がうまくいかないんだよ。

自分の悩みばっかり言ってないで、相手を悩ませないことも考える。

そんなことでもわかりだしてくると、少しずつでも必ず人生が良くなるの。

相談にのる方も「かわいそうな人だから……」って言うけど、かわいそうなのは迷惑をかけられているあなたであって、あちこちに迷惑をかけてる人に対して「かわいそうだ」っていう考え方をしていると、間違いが間違いを呼ぶの。

なにが正しくてなにが間違っているかを、ちゃんと相手に教えてあげないとダメだよ。

相談にのるときは自分の心を晴れ晴れとさせて、相手の心も晴れ晴れとさせる。

それから、ただ同調したり、同情したりして、相手の悩みをもらっちゃいけないよ。

自分の晴れ晴れとした気持ちに相手を同調させることこそ、正しい相談のあり方だからね。

人の話を聞かない人への対処法

人が抱えている問題をすべて解決してあげようと思うことは大切だけど、あまり完璧を目指すと自分が疲れちゃうからやめた方がいいよ。

相手がストレスを抱えているとするよね。そのストレスが、たとえば水のように100度で沸騰するとすれば、私たちは相手の相談にのってあげることで、それを99度にしてあげることはできるの。それで十分なんだよ。

そもそも、ストレスがなくなるまで相手をいい気分にするって無理なの。

そんなことを考えていると自分にストレスがたまっちゃうから。

だからまず人の相談を受けるときに、「なんとかなる」と思っていればいいの。

それから、「この人はどうにもならない」って送りだすと、「どうにもならないっていう波動」を背負わせることになるの。

だからそういう人は、**「私の助言を聞かなくてもどうにかなる人なんだ」って送りだしてあげないとダメなんだよ。**

一番いけないのは、相手が自分の話を聞かないからといって、「この人は私の言うことを聞かないからどうなってもいいんだ」っていうような、捨て台詞を吐いたりしてはいけないの。

そういう人がいたら「この人は私の助言がなくてもどうにかなる人なんだ」って信じて送りだしてあげないとダメなんだよ。

そのことが相手のためにもなり、自分のためにもなるんだからね。

自分の悩みばかり言わず相手を悩ませないことも考える

人生がうまくいかない人　／　人生がうまくいく人

相手を信じて送り出してあげる

Point

自分のアドバイスを聞かないからといって腹を立てない

38 悩んでもうまくいかないときは、悩むのをやめてみる

多少のストレスはあった方が人は元気になる

相談を受ける側の自分がストレスを抱えていると、どうしてもそれが相手に影響してしまいます。

だから、相談を受けるときは、できるだけストレスのない状態で聞いてあげるのがいいよ。

じゃあ、自分のストレスの解消法をどうすればいいかというと、**起きている現象に対してストレスを感じないようにすればいいの。**

たとえば100のストレスがあったとすると、それを50だと思うとか、自分が50強くなると100のストレスも50にしか感じなくなるんだよね。

それと、起きた出来事に対して、これは絶対自分にとっていいことなんだと思えたら、もう心が負けてないの。

あとね、ストレスが起きるとストレスが悪いと思うけど、多少のストレスがあった方が人は元気なんだと思うと、ストレスがストレスじゃなくなるの。

つまり、起きたことに対するとらえ方を変えればいいだけなんだよね。

それと、あまりにも自分が弱いと、どんな些細《ささい》なことが起きてもストレスを感じちゃうからね。

だからそんなときは圧を上げて、自分を強くする必要がある。

自分の圧が50だった人が100になれば、50のストレスは感じなくなるからね。

悩んでもうまくいかないときは悩むのをやめる

悩みがあってそのことが苦しいんだとしたら、その苦しみは〝間違い〟を知らせるサインなの。

正しかったら楽なんだよ。

苦しいということ自体が、間違ってることを証明しているの。

だから相談者が苦しんでいたら、その苦しみを生んでいる原因が間違いにあることに気づかせてあげなきゃいけないね。

ただ、それが長年もち続けてきた価値観や固定観念だと、なかなか自分の間違いに気づけないんだよね。

このあいだ、「息子のことで悩んでいます」と言う人が来たの。

私はその方に、「もう悩むのやめたら？」って言ったの。それに、息子さんは必ずなんとかなるし、どうにかなるからって。

そしたら「息子のことで悩まなくてもいいんですか？」と言って驚いていました。

「親は子どものことで悩まないといけない」っていうのも間違った固定観念なの。

もちろん、「親は子どもの心配をしなくていい」と言っているわけじゃないけど、ただ悩むだけだと問題解決しないし、苦しいこと自体が間違いなんだと言いたいの。

息子のことで悩むことが楽しいのか、それとも悩まない方が楽しいのかと考えて、楽しい方が正しいんだよ。

その方は今まで息子のことでさんざん悩んできて、それでもうまくいかなかったんだよね。

それは、息子のことをほったらかしてはいけないと思ってたからなの。

でも、その通りやってきてうまくいかなかったの。

うまくいかなかったのに「正しい」って言い張るんだとしたら、それはおかしいんだよね。

正しければしあわせなの。

しあわせじゃないのに正しいって言い張ってるのはおかしいの。

間違いはいくら集めても間違いだから、苦しくなるだけだよ。

「斎藤一人流」ストレス解消法

100のストレスを50だと考える

まあ
なんとかなる
100
50
0
100
50
0

起こったことはすべていいこと

○○も僕にとって
必要なこと
だったんだ

多少のストレスはあった方がいいと考える

ストレス
ストレス

圧を上げる

アツ！　アツ！　アツ！
アツ！　アツ！　アツ！

苦しいのは間違いのサイン

息子のことで
悩んで
いるんです
ひとり
ひとり
悩むの
やめたら？

Point

正しければ幸せ。苦しいのは間違い

39

神様からもらった道具を使いこなしてしあわせに生きる

とにかく気づいた人から猛然としあわせになろう

神が願うことはたった1つなの。それは、**「1人でも多く、しあわせな人間を増やす」**ということ。

だから、3人不幸なら、まずはだれか1人でも抜けだせばいい。

そしたらこの世から不幸な人間が1人減るんだよね。

息子は息子で、自分がしあわせになることを考えればいいの。

この世で一人ひとりが自分のことをしあわせにしたら、この世から不幸な人はいなくなるんだよ。

とにかく気づいた人が猛然としあわせになればいいの。

そうすれば世の中から1人ずつ不幸な人がいなくなるの。

そしてしあわせになったら、そのやり方を人に教えてあげな。

そうすれば、しあわせの輪がどんどん広がっていくからね。

人から相談を受けると、そのことを引きずってしまう人がいます。たとえば人の話を聞いて同情し、涙を流す人っていい人なんです。でもそれは普通の人なの。

人の相談にのってなんとかしてあげようっていうのは、普通以上のことなの。

だから普通以上にならないとダメだよね。

普通以上になるためには、普通以上の考え方をしなくちゃいけないよ。

たとえば、社長は社員の手本になるべく〝まじめ〟でないとダメだと思うかもしれない。これは普通の考えです。

私は社長だけど、ほとんど会社には行きません。普通に考えれば、とても〝不まじめ〟な社長といえます。それでも私は納税で日本一になれました。

自分でいうのもなんですが、私はすごく女性にモテます。ではなぜ私がそんなにモテるかというと、私が〝誠実〟だから（笑）。

ただここでいう〝誠実〟と、あなたが考える〝誠実〟は少し違うんだよね。

男は「女とお金」が好き。

女は「男とお金とおしゃれ」が好き。それは、神がつけてくれたものなの。

だから私は、その神がつけてくれたものに対して〝誠実〟に生きているの。

それを「お金は汚いものだ」とか「人前であまり目立たないためにもおしゃれしちゃいけない」とか「浮気しちゃいけない」とか、それらは全部神様がつけてくれたものなのに、多くの人はそれに逆らって生きてるんだよ。

だから言う方も、言われる方も苦しくなるんだよ。

もしあなたが普通のしあわせを望むなら、世間がいうような普通の考え方でいいよ。

でもそれでしあわせになれないんだとしたら、それは「普通以上の生き方をしなさい」という神の合図かもしれません。

それに普通って結構、つらいからね。

世間のいう普通通りにみんなが上の成績を目指しても、学校で一番になれるのはたった1人だよ。

いい成績をとって、いい学校に入って、いい会社に入るのがしあわせなんだったら、その競争に勝った人しか、しあわせになれないことになるでしょ。

神様はすべての人にしあわせになってほしいの。そのためにいろんな〝道具〟を神は私たちにつけてくれたの。

〝欲〟もそのうちの1つだからね。

だから私たちは神様からもらった道具を使いこなして、しあわせになる方法を考えないとダメなんです。

普通以上になるためには、普通以上の考え方をしよう

しあわせになったらやり方を人に教えること

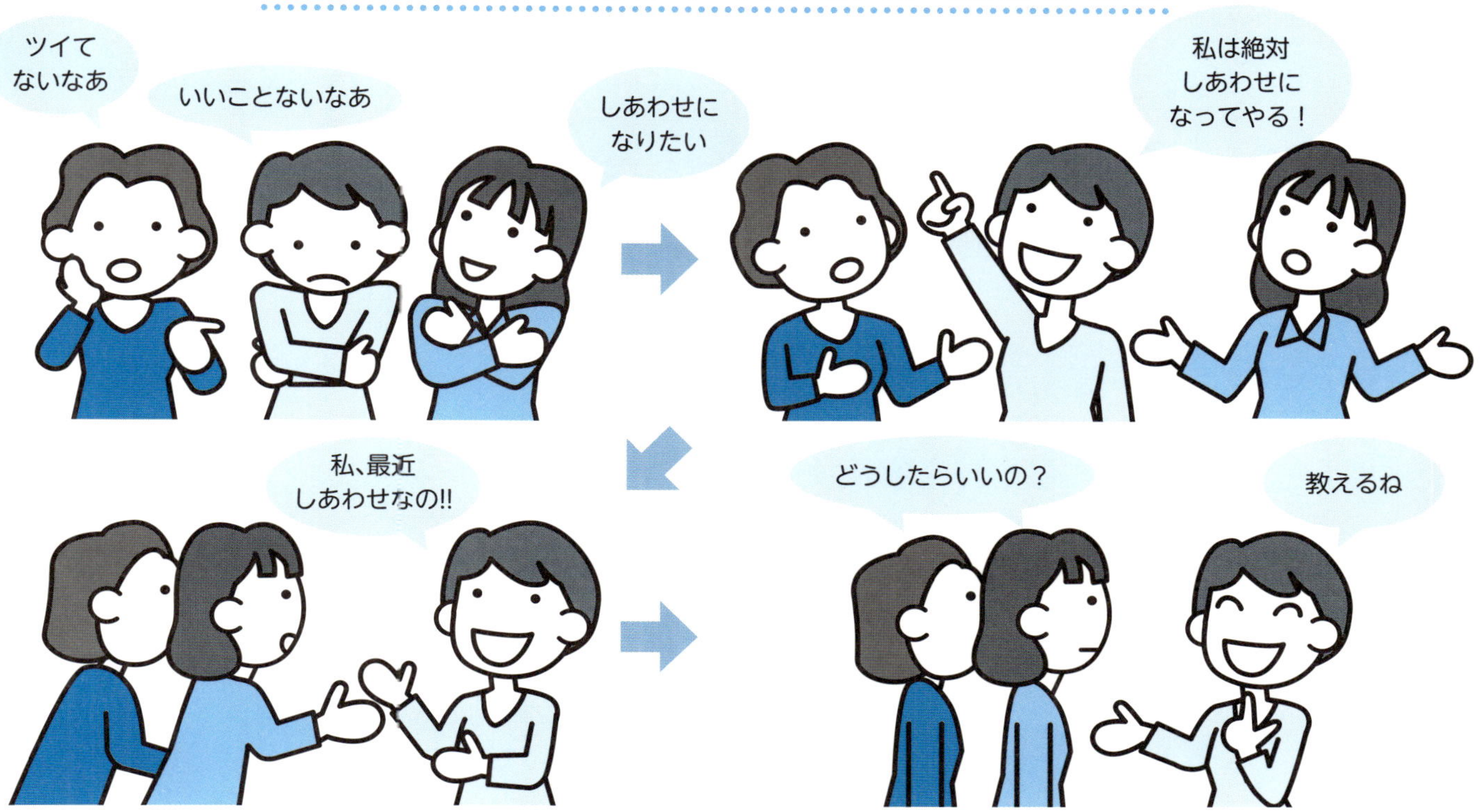

**世の中の普通と
違っていてもいい**

**神様がつけてくれたものに
“誠実”に生きる**

Point

神様からもらった道具を使いこなしてしあわせになろう

〈著者紹介〉

柴村恵美子（しばむら・えみこ）
斎藤一人さんの一番弟子。銀座まるかん柴村グループ代表。北海道生まれ。18歳のとき指圧の専門学校で、斎藤一人さんと出会います。数年後、一人さんの肯定的かつ魅力的な考え方に共感し、一番弟子としてまるかんの仕事をスタート。以来、東京や大阪をはじめとする、13都道府県のエリアを任され、統括するようになりました。また、一人さんが全国高額納税者番付で１位になったとき、全国86位の快挙を果たしました。現在に至るまで、一人さんの教えを自ら実践し、広めています。
主な著書に、15万部突破のベストセラー『斎藤一人 天が味方する「引き寄せの法則」』をはじめ『斎藤一人 天とつながる「思考が現実になる法則」』『斎藤一人 天も応援する「お金を引き寄せる法則」』『斎藤一人 人生に悩んだとき神様に応援してもらう方法』『斎藤一人 あなたの人生、そのままで大丈夫！』（以上、ＰＨＰ研究所）や、『器』『運』『天』（以上、斎藤一人氏との共著、サンマーク出版）、『斎藤一人の不思議な魅力論』（ＰＨＰ文庫）、『新版 斎藤一人 奇跡を呼び起こす「魅力」の成功法則』（文庫ぎんが堂）などがあります。

〈斎藤一人さんと柴村恵美子社長の楽しい公式ホームページ〉
http://shibamuraemiko.com/
〈柴村恵美子　公式ブログ〉http://ameblo.jp/tuiteru-emiko/
〈さいとうひとり　公式ブログ〉http://saitou-hitori.jugem.jp/

装丁：一瀬錠二（Art of NOISE）
イラスト：久保久男
出版プロデュース：竹下祐治
編集：越智秀樹（OCHI企画）

本書は、2014年６月にPHP研究所から刊行された『斎藤一人　天が味方する「引き寄せの法則」』を図解化したものである。

図解 斎藤一人 天が味方する「引き寄せの法則」

2017年12月１日　第１版第１刷発行

著　者　柴村恵美子
発行者　後藤淳一
発行所　株式会社ＰＨＰ研究所
東京本部　〒135-8137　江東区豊洲 5-6-52
CVS 制作部　☎ 03-3520-9658（編集）
普及部　☎ 03-3520-9630（販売）
京都本部　〒601-8411　京都市南区西九条北ノ内町 11
PHP INTERFACE　https://www.php.co.jp/
組　版　朝日メディアインターナショナル株式会社
印刷所　大日本印刷株式会社
製本所　東京美術紙工協業組合

ISBN978-4-569-83738-3